Filologi og humaniora

STUDIER FRA SPROG- OG OLDTIDSFORSKNING

UDGIVET AF
DET FILOLOGISK-HISTORISKE SAMFUND

115. BIND – ÅRGANG 2005
NR. 343

Filologi og humaniora

Symposium i anledning af Det Filologisk-Historiske Samfunds 150-årsdag

Holdt 2.10.2004
Videnskabernes Selskabs Bygning

Redigeret af
Mogens Herman Hansen

Museum Tusculanums Forlag
Københavns Universitet 2008

Filologi og humaniora.
Symposium i anledning af Det Filologisk-Historiske Samfunds 150-årsdag
Studier fra Sprog- og Oldtidsforskning nr. 343

© Museum Tusculanums Forlag og forfatterne, 2008
Redaktion: Mogens Herman Hansen
Omslag og layout: Pernille Sys Hansen
Sat med Aldus
Sats og tryk: Special-Trykkeriet Viborg a-s
ISBN 978 87 635 0610 6
ISSN 0107 9212

Omslagsillustration: Carl Berg (1812-1895).
Det Filologiske-Historiske Samfunds første formand.
Foto: A. Krøll. Det Kongelige Bibliotek

Bogen er udgivet med støtte fra
Forskningsrådet for Kultur og Kommunikation
Landsdommer V. Gieses Legat
Lillian og Dan Finks Fond

Museum Tusculanums Forlag
Njalsgade 126
DK-2300 København S
www.mtp.dk

Indholdsfortegnelse

Mogens Herman Hansen · Indledning   7

Ebbe Spang-Hanssen · Fra historisk dannelse til kulturbevidsthed   11

Svend Erik Larsen · Helheden der blev væk. Metadimensionens problematiske nødvendighed   27

Morten Nøjgaard · Humaniora og humanisme. Om etiske principper for videnskabelig virksomhed?   51

Birthe Hoffmann · Filologi eller formalisme. Litteraturvidenskaben mellem Skylla og Karybdis?   71

Patrick Kragelund · Abildgaard – filolog eller maler?   89

Lene Schøsler · Filologien på lerfødder. Om tre filologiske traditioner   103

Johnny Christensen · Quousque tandem... En lille filologisk øvelse   133

Forfatterpræsentation   142

Mogens Herman Hansen

Indledning

Det Filologisk-Historiske Samfund blev stiftet d. 10. oktober 1854 ved et møde på Borchs Kollegium, hvor Samfundet i øvrigt holdt alle sine møder helt frem til 1940'erne. Samfundet blev stiftet af 21 personer, dels yngre akademikere, der havde aflagt den filologisk-historiske embedseksamen, dels studerende, der forberedte sig til denne eksamen. Den ældste af stifterne, og selskabets første formand, var Carl Berg, forfatteren til den græsk-danske ordbog, der stadig bruges af mange studerende. Han var 42 år og på det tidspunkt overlærer ved Metropolitanskolen. Blandt de studerende var historikeren Edvard Holm og filologen Oscar Siesbye, der smukt repræsenterer hver sin side af samfundets virkefelt.

Samfundets oprindelige love er korte og fortjener at citeres ved denne lejlighed.

– Samfundets formål er hos medlemmerne at fremme videnskabelighed i filologisk historisk retning.
– I hvert møde holdes et foredrag eller oplæses en afhandling.
– Efter oplæsningen eller foredraget og den derved fremkaldte diskussion behandles enkelte steder hos forfatterne eller grammatiske, antiqvariske og andre lignende spørgsmål.
– Filologien tages i videste omfang, så at f.ex. nordisk og slavisk sprogstudium er berettigede til behandling.

- Den nyere historie er udelukket, forsåvidt den ikke oplyser historisk-etnografiske forhold.
- Såvel i afhandlingerne som under diskussionen benyttes *kun* det danske sprog.

Den sidste bestemmelse blev medtaget for at hindre, at deltagerne i deres iver skulle give sig til at tale latin.

Det er værd at bemærke, at Madvig ikke var blandt stifterne. Han ville efter sigende ikke have, at hans tilstedeværelse skulle virke trykkende på de unge. Men fra 1858 er han medlem, og efter ham en lysende stribe af danske humanister: J.L. Heiberg, A.B. Drachmann, Vilhelm Thomsen, Otto Jespersen, Ludvig Wimmer, Holger Pedersen, Poul W. Rubow, Vilhelm Grønbech og F.J. Billeskov Jansen, for blot at nævne nogle få fra den vifte af fag, som Samfundet dækker.

Samfundet er vistnok den ældste endnu eksisterende forening af sin slags. Talrige jubilæer er derfor gået forud for dette. Og af Samfundets annaler fremgår det, at Det Filologisk-Historiske Samfund altid har vidst at fejre sine jubilæer med manér: Til festmiddagen ved 40-årsjubilæet i 1894 havde Karl Hude forfattet en sang på otte sprog, en ἀσμάτιον πολύγλωττον, en lille flersproget sang, og i aftenens løb blev der af deltagerne digtet vers på yderligere ti sprog. Sangen blev siden hen trykt, jeg ved ikke i hvor mange alfabeter, for den findes mig bekendt ikke i vore arkiver.

Samfundets 150-årsjubilæum blev fejret d. 2. oktober 2004 med et symposium om humaniora i Danmark i 150 år. Symposiet blev planlagt af en komité bestående af overarkivar Ivan Boserup, professor Minna Skafte Jensen og professor Per Øhrgaard. Ivan Boserup og Minna Skafte Jensen er begge tidligere formænd for Samfundet og Per Øhrgaard et mangeårigt medlem.

Siden Samfundets stiftelse har et meget stort antal af dets medlemmer været medlemmer af Videnskabernes Selskab, og således er det gud ske lov fortsat. Derfor blev jubilæet fejret i Videnskabernes Selskab med et symposium, der i sin bredde kan afspejle Samfundets virke gennem 150 år. Bidragyderne var professor emeritus Johnny Christensen, lektor Birthe Hoffmann, overbibliotekar Patrick Kragelund, professor Svend Erik Larsen, forskningsprofessor Gretty Mirdal, professor emeritus Morten Nøjgaard, professor Lene Schøsler og professor emeritus Ebbe Spang-Hanssen.

Gretty Mirdals foredrag hed »Om at tale kaudervælsk. Refleksioner over migration, sprog og identitet«, og det tog udgangspunkt i bl.a. musikgruppen Outlandish og andet hip-hop. På grund af foredragets mange lydindslag var det uegnet til publikation i bogform og er derfor udeladt. De andre bidrag til symposiet udgives her i den rækkefølge, foredragene blev holdt.

Ebbe Spang-Hanssen

Fra historisk dannelse til kulturbevidsthed

Der er i de senere år blevet skrevet meget om humanistisk videnskabsteori og om de store ændringer, der er sket i synet på de humanistiske videnskaber i løbet af de sidste par århundreder. Men selvom det spørgsmål, der skal behandles her, netop er ændringerne i opfattelsen af de humanistiske videnskaber, er mit hovedemne ikke lærde teorier, men derimod noget mere jordnært. Det, jeg vil diskutere, er ikke så meget, hvad humanisterne selv mener om deres aktiviteter, som hvad almenheden mener om dem. Det vil sige, jeg vil forsøge at svare på spørgsmålet om, hvorfor den del af den danske befolkning, der ved, hvad ordet humaniora dækker over, kan mene, det er en rimelig ting at ofre tid og penge på.

Da jeg er blevet bedt om at fortælle om de ændringer, der er sket i opfattelsen af humaniora siden 1854, må jeg nødvendigvis ofre meget af opmærksomheden på situationen, som den var dengang. Nutiden kender vi alle umiddelbart bedre, og formålet med dette symposium er vel ikke mindst at få perspektiv på nutiden ved at sætte os ind i fortiden.

Situationen i 1854 ved Det Filologisk-Historiske Samfunds grundlæggelse: nyhumanismen, »den uforfalskede oprindelighed« og harmoniidealet

De unge mennesker, der i 1854 stiftede Det Filologisk-Historiske Samfund, var dybt præget af nyhumanismen, den filologiske åndsstrømning, der siden det 18. århundredes slutning havde forsøgt at genoplive og modernisere interessen for antikken. Den fornyelse, nyhumanisterne ville skabe, skulle først og fremmest gennemføres ved at flytte vægten i skoleundervisningen fra latin som brugssprog over til en fordybelse i den antikke ånd. Især den græske ånd blev fremhævet som et ideal. Man fandt i det græske en oprindelighed, en ualmindelig smuk forbindelse mellem ånd og kultur, som måtte tiltale romantikerne i deres søgen efter den tabte oprindelighed. I det gamle Grækenland, mente man, havde der været en sans for det harmoniske menneske, der kunne forene det indre og det ydre. Og harmoni blev, foruden oprindelighed, et nøglebegreb ikke mindst i den danske romantik. Tankerne om de gamle grækeres oprindelighed og harmoni kunne forene romantik og antikdyrkelse.

Umiddelbart kan man synes, at det er underligt, at man netop i den romantiske periode bygger sådan en kirke som Vor Frue Kirke i København, men den er et godt udtryk for, at det lykkedes at smelte den antikiserende harmonilære sammen med romantikken og tidens kristendom.

Mange mente, at den græske oldtidskultur simpelthen kunne stå som idealet af harmoni, og at dette var nok til at retfærdiggøre de mange timer, der i den højere skole blev brugt på de gamle sprog. Selve ordet *klassisk filologi* er et udtryk for troen på den antikke verdens idealitet. Den betegnelse blev skabt netop i nyhumanismens tid, i det 19. århundredes første del (Povl Johs. Jensen i *Johan Nicolai Madvig. Et Mindeskrift II*, s. 20). Ordet klassisk betegner jo ikke bare noget tilvant og gammelt, men noget fornemt og forbilledligt.

Nyhumanismens idealisme fik stor indflydelse på tidens opfattelse af dannelse, således som professor M.Cl. Gertz udtrykte det i sin berømte rektortale i 1898, hvor han tog afsked med de klassiske fags dominans i gymnasiet: »Retningens [dvs. nyhumanismens] Karaktermærke var den stærke Begejstring for Hellenismen, den dybe Beundring for Grækerne som det fuldkomne, ideale Folk; undertiden steg Ærbødighedsfølelsen ligefrem til hysterisk Forgudelse. Løsenet var, at man skulde tilegne sig Grækernes Litteratur og leve sig ind i deres hele Liv; saa vilde man vinde den ægte »Dannelse«, saa fik man sin Smag og Tanke forædlet.« (»Tale ved Universitetets Reformationsfest« 1898)

Den personlige dannelse

Som formål for den højere undervisning kunne man være enig om at sætte begrebet dannelse, og dannelse var for de fleste nyhumanister netop tilegnelse af en personlig harmoni, der bedst kunne opnås ved beskæftigelse med det græske.

At denne dannelse måtte være forbeholdt et mindretal, en elite, betød mindre, for endnu på den tid, da folkestyret blev indført i Danmark, var det indlysende for de nationalliberale ledere, at et land måtte ledes af en åndelig elite, der havde særlige kvalifikationer til at styre et lands udvikling. Derfor kunne man udmærket tillade sig at fokusere på *den enkeltes åndelige dannelse* – nemlig den potentielle åndelige leders: »den Dannelse som man kalder almindelig forsaavidt som den er fælleds for alle Dannede af alle Fag, men ualmindelig, forsaavidt den ikke bliver Hoben, men kun de Udvalgte tildeel«(digteren J.L. Heiberg 1834, cit. Haue 2002, s. 17).

Så let tog alle dog naturligvis ikke på det brede folks dannelse. Madvig bekymrede sig meget om en almendannelse, der skulle komme så mange som muligt til del. Med almendannelse mente han en bred orientering, som kunne danne grundlag for en personlig dannelse (Haue 2002, s. 113 og 151). Og grundtvigianerne fik netop på den tid, da Det Filologisk-Historiske Samfund blev stiftet, gjort opmærksom på, at der var en hjertets dannelse og folkets dannelse, der var langt vigtigere end den lærde dannelse.

Madvigs kulturhistoriske drejning af dannelsesbegrebet

Hvis man vil forstå opfattelsen af filologiens og humanioras rolle på den tid, da Det Filologisk-Historiske Samfund blev stiftet, må man kikke nøjere på Johan Nicolai Madvigs tanker. Madvig var i universitetssammenhæng den store leder og opinionsdanner. Han var ubestridt universitetshumanismens ledende mand og havde stor prestige i samfundet som internationalt højt anset videnskabsmand, som undervisningsinspektør for og reformator af de lærde skoler, som toneangivende politiker med evne til at formulere holdninger, som kultusminister under den første sønderjyske krig og siden som enstemmigt valgt præsident for det rigsråd, der skulle regulere forholdet mellem den danske rigsdag og Slesvig-Holsten. Der kan ikke være nogen som helst tvivl om, at han har spillet en afgørende rolle i den danske uddannelses historie med en velafvejet realistisk holdning til modsætningerne mellem fortids- og fremtidsdyrkelse, mellem danskhed og europæisk orientering.

Interessen for Madvigs uddannelsestanker har i de sidste par år afspejlet sig i flere forskeres arbejder med dem: Jesper Eckhardt Larsens skrift i Studier fra Sprog- og Oldtidsforskning: *J.N. Madvigs dannelsestanker* (2002), Claus Møller Jørgensen afhandling i Skrifter fra Aarhus Universitet: *Humanistisk videnskab og dannelse i Danmark i det 19. århundrede*, I og II (2000), og endelig Harry Haues disputats om almendannelsens historie (2003). Var respekten for Madvig stor i hele det danske samfund, var den det ikke mindre blandt hans egne elever, der i 1854 stiftede Det Filologisk-Historiske Samfund.

I spørgsmålet om det rationelle grundlag for humaniora er Madvig spændende, ikke kun fordi han var en så dominerende og indflydelsesrig person, men også fordi han havde måttet arbejde hårdt med sig selv for at finde et tilfredsstillende forsvar for den filologi, han var kommet til at holde af i skolen og siden havde kastet sig over. Madvig var en ualmindelig ærlig og redelig mand, der ikke ville lade sig spise af med traditionel finkultur og med traditionelle floskler. Han havde en klar fornemmelse af at være kommet nedefra i samfundet, og han havde brug for et ordentligt svar på spørgsmålet om, hvad glæde det danske samfund egentlig kunne have af finkultur. Han indleder sine erindringer med nogle ord om, hvor stor afstand han har oplevet mellem et fattigt, ret tilbagestående bornholmsk almueliv, og det liv, han kom til at kende i borgerskabets København. Selvom han var så heldig, at en velgører betalte for hans ophold på Frederiksborg lærde Skole, var hele hans skoletid præget af fattigdom og fornemmelsen af at være en, der kom udefra og nedefra. Det, som de fine og dannede kredse tog for givet, var for ham absolut ikke noget selvfølgeligt. Madvig havde ligefrem en ungdomskrise, der bundede i tvivlen om, hvorvidt man kunne retfærdiggøre den filologiske beskæftigelse.

Manden, der selv kom nedefra, kunne ikke sådan som borgerne se stort på, hvordan man i antikken behandlede samfundets laveste lag, slaverne. De antikke samfund kunne i hans øjne absolut ikke være ideelle. Hans sproglige nøgternhed gjorde ham også skeptisk over for, om man sådan i al almindelighed bliver et mere klogt menneske af at lære to svære sprog som græsk og latin. Han troede altså hverken på de antikke folks idealitet eller på, at de gamle sprog skulle have en specielt vidunderlig evne til at forme menneskers skarpsindighed. Men han fandt et fast holdepunkt i troen på en historisk dannelse byggende på et førstehåndsmøde med den kultur, der danner grundlaget for vores egen.

Jeg vil gerne give et smukt citat så sent som fra 1881, hvor de to filologiske professorer Madvig og J.L. Ussing, Madvigs elev, argumenterer for oprettelsen af endnu et professorat i klassisk filologi. De to professorer skriver at »den klassiske Filologi selv, Kundskaben til det vidunderlige Arbejde i Aandens Tjeneste, som udførtes af det græske Folk og, overleveret til os gennem Romerne, var blevet Grundlaget for Nutidens Dannelse, den havde ikke mindre Betydning nu end tidligere. *Den uforfalskede Oprindelighed* [min fremhævelse], hvori Aandslivet mødte os her, vilde altid virke paa Videnskabsdyrkerne som et Foryngelsens Bad ... « (citeret efter Claus Møller Jørgensen, bind II, s. 487).

Man bemærker især henvisningen til »den uforfalskede Oprindelighed«, som angiver et af de vigtigste fælles holdepunkter for nyhumanismen og romantikken.

Det lykkedes således Madvig at finde et forsvar for de klassiske sprogs udmærkede egenskaber som dannelsesfag, men det var altså for ham ikke, fordi grækere eller romere var ideelle, eller fordi latin og græsk skulle have specielle egenskaber til at forme elevernes intelligens. Han troede derimod på, at græsk og latin gav en enestående forståelse for den europæiske kulturs grundlag. Og den forståelse mente han var vigtig for dannelsen.

Madvigs retfærdiggørelse af tidens humaniora er en kulturhistorisk retfærdiggørelse, men det var dog ikke historien som sådan, man skulle centrere studierne omkring. I hans øjne var *filologien vigtigere end historien* som dannelsesfag, fordi filologien gav eleverne mulighed for ved selvsyn at stifte bekendtskab med den fremmede og fjerne åndsform. Selvsynet var afgørende for det dannelsesmæssige aspekt, altså elevens eget møde med en fjern kultur, der var forudsætningen for elevens egen. Deri lå det rigtige møde med den ægte oprindelighed. Madvigs indflydelse har nok en del af æren for, at man senere i det danske gymnasium indførte faget oldtidskundskab og ikke filosofi- eller idéhistorie.

Enighed og uenighed med nordisterne

I århundredets løb kom den klassiske filologi til at dele dyrkelsen af den uforfalskede oprindelighed med nordisterne, som myldrede frem i romantikkens kølvand. Grundtvig navnlig ville gerne tildele vores nordiske oldtid forrangen, og mellem ham og Madvig var der sædvanligvis et ganske spændt forhold (Eckhardt Larsen 2004). Grundtvig kunne som bekendt godt acceptere det gamle Grækenland, som han fandt mere oprindeligt end Rom, men han gjorde til gengæld den latinske verden til danernes arvefjende, hvad der jo har efterladt sig dybe spor. Som fransklærer kan man ikke undgå at bemærke, at fransk kultur i hele den romantiske periode, og til dels også senere, kom til at stå som inkarnationen af kold, hjerteløs, overfladisk, rationalistisk latinsk kultur. Italienerne kunne man bedre tilgive, da de ansås for fattigere, mere naive og dygtigere til at danse folkedans. Madvig tog mangen en tørn med Grundtvig i folketinget om forholdet mellem det europæiske og det nationale.

Når det var forholdsvis nemt for Madvig at forsvare latinen i det europæiske perspektiv, var det ikke mindst fordi *europæisk* dengang var næsten det samme som *universel*, som det fremgår af følgende citat fra Madvigs erindringer: »Mig har det igjennem min hele videnskabelige og politiske Virksomhed været en Hovedopgave paa den ene Side at hævde og forsvare vor nordiske Folkeeiendommelighed indenfor dens berettigede Grændser og vort særlige Bidrag til den europæiske Fælleskultur, men paa den anden Side uden Sky at gjøre gældende, at kun i Tilslutningen til denne Fælleskultur og i Anerkjendelsen af *dens universalhistoriske og centrale Udvikling* [min fremhævelse] finde vi det faste Grundlag for et fyldigt og tilfredsstillende nationalt Aandsliv.« (Madvig: *Livserindringer*, 1887, s. 253).

Imidlertid udviklede der sig ud over de klassiske og nordiske filologier, hen mod det 19. århundredes slutning, nye filologier som fx germansk filologi og romansk filologi. Samtidig blev tillige historiefaget stærkt placeret, selvom det længe blev ved med at være den dominerende holdning, at kernen i de humanistiske studier måtte være de klassiske sprog og dansk, som tilsammen kunne fortælle om vores oprindelse. Det drejede sig om vores historie, det vil sige om, hvem vi selv var. Ved at grave ned i vores egen historie ville vi også møde os selv og opnå personlig dannelse. Humanioras samfundsgavnlighed var således især at give mennesker en *sjælelig, historisk dannelse, en fordybelse, en inderlighed.*

Åbning mod den materielle og folkelige kultur

Hen imod det 19. århundredes slutning sker der en stor åbning inden for humaniora mod det materielle og folkelige. Romantik, nationalfølelse og det nye folkestyre i forening vakte i alle europæiske lande en enorm interesse for folkeminder og folkekultur. Arkæologien, etnologien og antropologien kom stærkt frem og bidrog til at sætte fokus på begrebet kultur som samlingen af kendetegn for et vist samfunds livsform (Kirsten Hastrup 1999, s. 74-84).

Kulturbegrebet blev meget bredere – og meget mere mangetydigt. Den dominerende fælleseuropæiske hovedstreng blev nedtonet til fordel for de forskelligartede folkekulturer. Kulturen hørte op med at være en sag for en elite, og blev en sag for hele folket.

Det tvetydige kulturbegreb

Lige siden romantikken, eller nøjere lige siden Herder, har man i Europa levet med en tvetydighed i begrebet kultur. Oprindelig betegner det jo noget opdyrket, og dermed forfinet. Siden renæssancen var det blevet brugt om åndsdannelsen: »et kultiveret menneske – et menneske med kultur«. Men romantikerne slog fast, at hvert folk har en kultur, dvs. en egen selvskabt livsform, hvilket er det, der adskiller menneskene fra dyrene. Kultur var altså først noget fint, som kun nogle mennesker har, men i den nye betydning af »livsformer«, som kom til omkring 1800, er det noget, alle mennesker har – simpelthen noget der konstituerer det menneskelige, nemlig evnen til at skabe og vedligeholde særdeles forskelligartede livsformer. Og det var denne anden betydning af livsformer, der hen mod det 19. århundredes slutning fik mere og mere betydning. Kulturerne materialiserede sig ligefrem på museerne med samlinger af fremmede folkeslags dragter, våben, husgeråd, religiøse rekvisitter osv.

Man kan få de to betydninger af ordet kultur til at hænge sammen ved at sige at den fine kultur, »kulturlivet«, som var den primære betydning, er blevet til en sekundær, refleksiv overbygning på almenkulturen, forstået sådan, at mens almenkulturen er et givet samfunds karakteristiske livs- og udtryksformer, er finkulturen eller kulturlivet blevet til arbejdet med at påvirke og berige almenkulturen. I kulturlivet forsøger vi at forbedre og berige den måde vi lever med hinanden og omverdenen på.

Den senere tilkomne nye betydning af ordet kultur som livsformer, eller almenkultur, bliver klart den fundamentale i det 20. århundrede. Den er selve grundlaget for finkulturen, som nu er blevet til en overbygning. Kultur i den brede betydning af livsformer bliver den fælles begrundelse for fag som historie, sprog og filologi, og deri ligger der unægteligt en materialisering og sociologisering af humanioras objekt. Denne sociologisering går videre og videre i det 20. århundrede.

En karakteristisk overgangsfigur, Vilhelm Andersen

En interessant, og samtidig symptomatisk, overgangsfigur fra det 20. århundredes begyndelse er den dengang meget folkekære professor i dansk litteratur Vilhelm Andersen, der var opdraget med den klassiske filologi, men især beskæftigede sig med at trække trådene videre fra antikken op til den danske guldalder, hos Oehlenschläger, Poul Martin Møller, Paludan-Müller osv. og videre frem til nutidens Danmark. Støttepunktet var nyhumanismens gyldne tid i Danmark. Antikken som sådan kunne jo kun være for de lærde, men man kunne forene antikken med dansk folkelighed via vores guldalder. Vilhelm Andersen blev kendt som professoren, der cyklede rundt i Danmark med sine studerende og alle vegne fandt muligheder for at forbinde sin vældige lærdom med de besøgte steder og med det lokale folkeliv. Man kan sige, at han ville forlige det akademiske borgerskab med grundtvigianismen. Om Grundtvig siger han: »Vi har lært af ham [Grundtvig] ... at Dannelse ikke er Lærdom, ikke Oplysning, men en personlig Ting, et Menneskes Vækst om en indre Kærne og en folkelig Sag, et Folks Sammenslutning om sit Midtpunkt«(Vilhelm Andersen, cit. Haue 2002, s. 301). Vilhelm Andersen er karakteristisk for forsøget på at folkeliggøre humaniora, på at forbinde finkultur med dansk almenkultur.

I tiden omkring 1900 ændredes opfattelsen af finkulturen også kraftigt derved, at dens litterære grundlag nu ikke længere overvejende skulle være antikken, men lige så vel kunne være de nyere europæiske litteraturer. Hele det moderne Europa er fra begyndelsen af det 20. århundrede kommet med i forestillingerne om den finere kultur, den højere dannelse. Gertz' argumentation for den store vægt på de moderne europæiske sprog i gymnasieloven af 1903 går på at »disse Sprog aabne Adgang til en Litteratur, der efter min Mening mindst er lige saa rig og lige saa nærende for Aanden som Oldtidslitteraturen og tilmed har det Fortrin at ligge vor Fatteevne meget nærmere« (»Tale ved Universitetets Reformationsfest« 1898).

Socialisme, demokratisering og strukturalisme

Humanioras tilknytning til det folkelige og det materielle bliver endnu langt stærkere i løbet af det 20. århundrede med baggrund i strømninger som socialisme og strukturalisme. Hartvig Frisch vakte stor opsigt med den definition, han gav på kulturen i indledningen til sin kulturhistorie: »*kultur er vaner.*« Dermed slog han det brede kulturbegreb fast som det egentlige, fundamentale.

I 1920'erne og 30'erne kom for alvor marxisterne frem med deres teorier om, at kulturen i begge betydninger, både som et folks livsformer og som refleksiv bearbejdning af livsformerne, er en overbygning på visse materielle betingelser, ikke nødvendigvis kun sådan at en kultur er en simpel konsekvens af et vist økonomisk-materielt grundlag, men sådan at kulturen indgår i et dialektisk samspil med det materielle. Få danskere i nyere tid har vel haft en så stor indflydelse på dansk kultur som Poul Henningsen, der blev en profet for den kulturradikale elite. I hans skrift fra 1933 »Hvad med Kulturen« slog han det fast med syvtommersøm: »De folk, der tror paa en uafhængig kunst, kan bare kigge paa historien. Gotikken var uløselig sammenknyttet med kirkens verdslige magt, barokken med enevælden o.s.v. ... Det er samfundet og den økonomiske situation, der dikterer kunsten dens arbejds- og kampbetingelser igennem alle tider. Derfor maa hoveddelen af kunsten i dag være en ren kapitalistisk kunst, et aftryk af den økonomiske situation, en lakajkunst i magthavernes tjeneste kan man sie.« (s. 8-9)

Poul Henningsen indrømmer, det er svært at føre eksakt bevis for sammenhængen mellem økonomi, kultur og politik: »Ingen moderne mennesker tvivler vel om kristendommens kulturelle skade fra den traadte ind i den europæiske kultur, men hvordan skal man bevise det?« (s. 37). Men vi kan på den anden side se, at selv vores argeste fjender, Hitler og Mussolini, bruger store kræfter på at føre en aktiv kulturpolitik. De tvivler altså ikke på sammenhængen mellem økonomi, politik og kultur. I den danske offentlige debat blev også kunsthistorikeren Broby Johansen en af de store opinionsdannere. Hans grundholdning var den samme som Poul Henningsens.

I de humanistiske videnskaber kom det i det 20'ende århundredes anden halvdel til et tæt samspil mellem strukturalisme og marxisme, navnlig efter 1968. I begge teorier er der tale om at minimere den enkeltes betydning i forhold til nogle store overordnede strukturer, der afgør menneskers holdninger. Den franske filosof Michel Foucault nåede vel et højdepunkt i antiindividualismen, når han hævdede, at det ikke er os selv, der tænker, men skemaerne, der tænker i os. Hans påstand var, at i den moderne verden er mennesket forsvundet.

Retfærdiggørelsen af humaniora i dag

Hvis det enkelte menneske er forsvundet, kan man selvfølgelig ikke retfærdiggøre humaniora ved at fremhæve personlighedens dannelse, sådan som Madvig og hans samtidige gjorde. På grund af hele den nye forståelse af kulturen som et folks livsformer med baggrund i samfundsmæssige forhold, må man nu retfærdiggøre humaniora ved at henvise til dette kulturbegreb og sige, at den humanistiske forskning gør os klogere på andre kulturer, andre livsformer, og dermed også på vores egne normer, der således sættes i relief.

Man koncentrerer sig ikke længere om vores egen kulturtradition, sådan som Madvig gjorde, eller om skønlitteraturen, sådan som alle de mennesker naturligt måtte gøre, der som øverste mål for skolen satte den personlige dannelse. Et digterværk kan jo netop opfattes som den enkeltes forsøg på at forene en vis livserfaring med udvalgte livsværdier. Man koncentrerer sig heller ikke om forløbet og om traditionen, men interesserer sig nu nok så meget for kulturtilstande, hvorved man er i overensstemmelse med strukturalismens betoning af synkronien på bekostning af diakronien.

De studerendes valg af specialeemner afspejler denne udvikling særdeles tydeligt. Der er langt færre nu end før, der skriver fortolkninger af store digterværker. Det, der drager mest, er beskrivelsen af kulturtilstande og samfundsmæssige forhold. Da min kollega Michael Herslund for nogle år siden blev bedt om en artikel om fremmedsprogenes stilling på universiteterne i det 20. århundredes anden halvdel, sammenfattede han udviklingen inden for sprogfagenes kulturside med ordene »Fra middelalderfilologi til kvindesag«. Middelalderfilologien var endnu, da jeg var student omkring 1950, dominerende i studierne. Den fortalte om en væsentlig del af vores kulturs tilblivelseshistorie. Men den er ikke i fokus i dag, derimod fx aspekter af den nuværende franske kultur, såsom de kulturmønstre, franske kvinder indgår i.

Konklusion

Der er meget positivt i den udvikling, der er sket. Der er mange flere mennesker i dag end for 50 år siden, der forstår betydningen af humaniora. Da jeg i 1976 kaldte den lille bog, jeg skrev til forsvar for humaniora, for »Kulturblindhed«, var kulturbegrebet ikke nær så veletableret som i dag. Jeg kan huske fra unge dage adskillige velbegavede mennesker, der slet og ret opfattede humaniora og kultur som del af underholdningsbranchen. Endnu i 1960'erne anså de fleste alvorlige mennesker virkeligheden for noget, der kun består af ting og penge. Nu har enhver avis masser af kultursider. Alle er klare over, at kultur forstået som livsformer er et af samfundets alvorligste problemer, også på grund af den moderne verdens kultursammenstød. En nation kan blive rig og blomstrende, om den så bor i tåge oppe på Island og ikke har mange materielle fordele, hvis blot medlemmerne af samfundet arbejder tillidsfuldt sammen og har et levende kulturliv. Og en nation kan sidde oven på en fjerdedel af verdens olieressourcer og have det elendigt, hvis dens kulturliv ikke fungerer.

Med hensyn til den brede opfattelse af kultur forstået som livsformer er der altså sket en vældig styrkelse af humanioras position. Men til gengæld er den humanistiske beskæftigelse med det snævre kulturbegreb blevet svækket, dvs. kultur som arbejdet med personlighedsdannelse. Der er ikke mere den samme universitære interesse for den fordybelse, man finder i kunstnernes forsøg på at forene en livserfaring med en afprøvning af værdier.

Litteraturhenvisninger

Boserup, Ivan: »Klassisk filologi efter 1800«, i *Københavns Universitet 1479-1979*, bind 8, 241-475 (København 1992).
Frisch, Hartvig: *Europas Kulturhistorie 1* (København 1928).
Gertz, M.Cl.: »Tale ved Universitetets Reformationsfest«, trykt i *Tilskueren* 1898: 987-1000.
Hastrup, Kirsten: *Viljen til Viden. En humanistisk håndbog* (København 1999).
Haue, Harry: *Almendannelse som ledestjerne* (Odense 2003).
Henningsen, Poul: *Hvad med kulturen?* (København 1933, genoptrykt 1968).
Herslund, Michael: »Fremmedsprogene i de højere uddannelser«. I Signe Holm-Larsen (red.): *Fremmedsprog i den danske skole* (København 2002: 197-201).
Jensen, Povl Johs.: »Klassisk filologi indtil 1800« i *Københavns Universitet 1479-1979*, bind 8, 69-239 (København 1992).
Jørgensen, Claus Møller: *Humanistisk videnskab og dannelse i Danmark i det 19. århundrede*, I og II. Begrebshistoriske Studier 3 (Århus 2000).
Larsen, Jesper Eckhardt: *J.N. Madvigs dannelsestanker*. Studier fra Sprog- og Oldtidsforskning nr. 111 (København 2002).
Larsen, Jesper Eckhardt: »Manden, der gav Grundtvig modspil«. Kronik i Politiken 6. august 2004.
Madvig, Johan Nicolai: *Livserindringer* (København 1887).
Johan Nicolai Madvig. Et Mindeskrift 1-2 (København 1955-63).
Spang-Hanssen, Esbern: *Filologisk-historiske Samfund 1854-1954* (København 1954).

Svend Erik Larsen

Helheden der blev væk
Metadimensionens problematiske nødvendighed

Helhed, metode og formidling

1. december 1906 udskrev Det Filologisk-Historiske Samfund en prisopgave: »Holbergs religiøse Anskuelser i Forhold til den samtidige engelske Filosofi«. Den 30. juni 1907 afleverede stud.mag. R.V. Hansen – R står for Rasmus – en afhandling med den let ændrede titel *Religionen hos Holberg* under det latinske motto *nullius in verba*.[1] Det er gået stærkt for unge Hansen. Han anfører at han har knoklet med selve skrivearbejdet fra den 3. til den 30. juni, endda helt præcist til kl. 2.55, og desværre ikke nåede at få det hele renskrevet. 66 sider nåede han, resten skulle bedømmelsesudvalget dechifrere fra kladdens side 27 til 73. Udvalget bestod af professorerne Johan Ludvig Heiberg og Verner Dahlerup, med den første som formand, og de gav den unge mand *Accessit* (bestået) for hans indsats. Og ung, det var han, bare 19, lige knap 20 år, just begyndt på sprogstudier med et afbrudt jurastudium og et ganske frisk filosofikum bag sig. Men det gik altså godt, måske fordi han brugte det latinske motto og var student fra før den nye gymnasiereform af 1903. Den kunne Heiberg ikke lide.

Og måske også på grund af hans uimponerethed. Vi ville næppe anbefale en 1. eller 2. års studerende at give sig i kast med en filologisk-historisk prisopgave, endda på baggrund af et studieskift fra jura. Men Hansen gik uforknyt til sagen og dristede sig endog til en kritik af formuleringen af den stillede opgave. Holberg var ikke synderlig påvirket fra England, fandt han, om end åndsbeslægtet med de empiriske skeptikere. Så han ændrede lidt på opgaveformuleringen. Hvorom alting er, så erklærede han sig i samklang med Holberg.

På den ene side samstemmer han med Holbergs »humane Etik« og med hans sans for »den sociale, jordiske Nytte« og også med hans accept af en stat som en kollektiv garanti for individuel frihed til værn mod »Intolerance fra Fanatikeres Side«, ja, overhovedet Holbergs stoiskfarvede, balancesøgende grundholdning, herunder hans overbevisning om »*Fornuften* som Kriterium overfor alt, hvad der i Religionen kun beror paa Tradition eller Drift«. Unge Hansen finder her en human vision for menneskets personlige og sociale liv.

På den anden side hylder han også Holberg, fordi han »i Epistlerne er slaaet ind paa en pædagogisk Metode, hvis Formaal det er: stille og lempeligt at føre Læseren ind i den arbejdende Religionsfilosofis Værksted, ikke derimod at bibringe ham noget bestemt færdigt Standpunkt.« Vision er ikke nok, der skal metode og arbejde med detaljer og argumenter til og det i en fortsat erkendelsesproces. Men uden helhedsvision til at styre dette arbejde går det ikke. Unge Hansen citerer billigende Holbergs opfattelse af Julien Offray de la Mettries *L'homme-machine* fra 1747 og dette værks konsekvent mekanistiske menneskesyn som »et af de vederstyggeligste Skrifter, som nogen Tid er kommet for Lyset«, og han fortsætter straks Holberg-citatet i lige så stor enighed: »Men man seer [hos de la Mettrie] adskillige *Argumenter*, hvorvel ilde grundede, at have noget Skin.« Hansen fortolker denne afbalancerede kritik som udtryk for Holbergs sympati for, at »det er videnskabelig Ærlighed og en fortræffelig empirisk

Metode, der naturligt har ført ham [de la Mettrie] til hans – ganske vist forkerte – Resultat.«

Et udsagn kan altså være sandt eller troværdigt på mindst tre forskellige niveauer: med hensyn til videnskabelig redelighed, til metodisk konsekvens og – endelig – til resultater og konklusioner. Overfladisk set er der tale om en opfattelse, der gør videnskab og tænkning en del lettere, i og med der jo altid nok skal være et eller andet der lyder rimeligt på mindst ét af niveauerne. Men faktisk bliver det hele sværere, for selve sammenhængen mellem grundidé, metode og resultat følger ikke automatisk af at kun én eller to af grundpillerne er holdbare. Der skal argumenteres eksplicit for sammenhængen hver gang, ellers er ingen helhedsvision omsat til videnskabelig praksis. Så kravet til den videnskabelige selvrefleksion med hensyn til både den enkelte undersøgelses detailniveau og undersøgelsens overordnede perspektiv intensiveres. Vi er, som en væsentlig del af en sådan human vision, dermed i en hermeneutisk grundsituation, hvor man ikke ender med et dogmatisk enten-eller eller i en simpel lineær, deduktiv argumentation fra aksiom til konklusion. Man skal ikke tage andres ord for gode varer – *nullius in verba* – men heller ikke andres iagttagelser.

Så skarpt formulerer den unge mand sig ikke, men i sin afsluttende paragraf opsummerer han, ikke uden patos og i eksplicit opposition til det han kalder romantisk spekulation, sin sympati for Holberg og det 18. århundrede: »Det er da kun naturligt, at vi, der som Danske har den dybe Beundring for Holberg, og hans Værk, og især de af os, der føler os i Slægt med hans Stræben efter videnskabelig Klarhed og borgerlig Nytte, tillige søger at naa til Forstaaelse af hans Tanker – ogsaa paa et saa vanskeligt og interessant Felt som det religionsfilosofiske.« – Med kodeordene videnskabelig klarhed og borgerlig nytte omfavner han her så vel specialstudiet og dets bredere videnskabelige perspektiv som kravet til den enkelte forskers forpligtelse på både redelighed og vision. Det er denne samlede forpligtelse, der sikrer den borgerlige nytte.

Hansen var i hvert fald ikke i tvivl om, at han havde fat i en lang ende og straks skulle dele sin indsigt og begejstring med andre. Det skete i en uformel akademisk klub, *Ekliptika*. Medlemsskaren bestod af en lille gruppe nogenlunde jævnaldrende yngre akademikere og studerende på tværs af videnskabelige discipliner. Ud over Rasmus Hansen rummede den bl.a. brødrene Poul og Niels Erik Nørlund, henholdsvis historiker og astronom, brødrene Niels og Harald Bohr, henholdsvis fysiker og matematiker, og Kai Henriksen, entomolog og senere direktør for Zoologisk Museum. Edgar Rubin, senere kendt som psykolog, var indpisker. Klubben mødtes ca. en gang om måneden i det første årti af sidste århundrede, en slags »den arbejdende videnskabeligheds værksted« for fortsatte diskussioner, kunne man sige med en parafrase af Hansens udsagn om Holberg. Indkaldelse og annoncering foregik på små håndskrevne postkort. På kortet sendt fra 27. september 1907 indkaldes der til møde »Fredag den 4. oktober Kl. 8 $^1/_2$ *pr.* hos à Porta«, hvor stud.mag. R.V. Hansen vil tale om »Hovedpunkter af Holbergs Religionsfilosofi.«[2]

Denne lille historie fortæller en del om humaniora på vej ind i det 20. århundrede. Humaniora har tre vigtige sider, der alle giver humaniora styrke og gennemslagskraft i det 20. århundrede, men også skaber problemer. For det første forsøget på at etablere en *human helhedsvision*, for det andet forsøget på at forpligte sig på den præcise detalje og den relevante *metode*. Det tredje punkt kommer om lidt. Hansen finder visionen i det sekulariserede verdensbillede der bygger på 1700-tallets oplysning og dens menneskeforståelse, og dét er jo ikke et dårligt sted. Om de mere præcise metodiske greb er der selv sagt ikke så meget i afhandlingen. Selv om han er belæst nok, og misundelsesværdigt belæst endda efter sin unge alder, *er* R.V. Hansen kun 19 år. Men bevidstheden om forpligtelsen til konkretisering og specificering er ikke til at tage fejl af. Eftersom fællesnævneren for hele indsatsen er den udogmatiske kritik af traditionelle synspunkter og fag-grænser, er det også klart at hverken helhedsvisioner eller stofligt forpligtende metoderefleksion er givet på forhånd, endsige deres indbyrdes sammenhæng. En selvfølgelig helhed er tabt, den skal genopstilles og generobres gennem en kritik der hele tiden sætter den på spil.

Og derfor indgår både helhedsdannelse og metodespecifikation – hvis jeg stadig giver det lille eksempel paradigmatisk status – med nødvendighed i en fortsat åben diskussion, der ikke er bundet til på forhånd afgrænsede faglige privilegier eller dogmer. Selv om Harald Bohr kaldes stud.mag. på de indkaldelser, hvor han annonceres, og matematikken dermed placeres anderledes end i dag, så er idealet i egentlig forstand et »værksted« for faglig idéudveksling på tværs af faggrænser.

Opstilling, underbygning og kritisk afprøvning af helhed og metode bliver en central funktion for humaniora frem for fremlæggelse og forsvar for givne sådanne, et sted for eksperimentel debat om bærende værdier, deres rækkevidde og forandring. Det betyder også, at humaniora aldrig får en selvindlysende videnskabelig legitimering eller kulturel rolle, men altid må argumentere for den på ny. Der skal betales en pris for denne udogmatiske og friere position, nemlig med en øget *metadiskussion* om humanioras egenart og hele betydning, en selvreflekterende debat, der hele tiden rummer faren for selvbeskuelse, og som vi også lige nu er midt i. Men de to første punkter, helhedsvision og metodisk konkretisering, udgør altså én problemstilling.

Hermed kommer vi til det tredje punkt i Hansens reference til Holberg – den borgerlige nytte. Nu tænker Hansen næppe på at være frivillig besøgsven, samle ind til Røde Kors eller samle roer i regnvejr. Og slet ikke på den betydning et sådant udtryk ville have fået i 1970'ernes diskussion om humanistisk forskning og dens samfundsnytte. Det er 1700-tallets ideal om en *borger* vi har med at gøre, ham – næppe hende – der engagerer sig i det offentlige liv og blander sig i værdidiskussioner og andre almene spørgsmål, også uddannelsesspørgsmål, fra det sted han nu er placeret. Her altså inden for en humanistisk faglighed, der ser på kulturlivet gennem et historisk og et sprogligt filter. Formidlingsforpligtelse ville vi vel tale om i dag.

Også dét bliver en afgørende humanistisk sag i det 20. århundrede, og det i en mere direkte fortsættelse af tidligere tiders tradition for offentlig formidling end den videnskabelige selvrefleksion over sammenhæng mellem helhedsvision og konkret metodisk praksis, som mere hører særlige forhold i moderne humaniora til. Lad mig nu kort se på de to gensidigt supplerende sider af humaniora, videnskabelig klarhed og borgerlig nytte, som er vigtige i det 20. århundrede, og som i deres indbyrdes relation i høj grad bestemmer humanioras hele aktionsradius.

Videnskabelig klarhed

Det er klart at et ungt menneske med sådan en appetit på humaniora og med en bevidsthed om sammen med andre ildsjæle at følge solens bane, *ekliptika*, ikke kunne vedblive at hedde Hansen. Da han igen optræder i Det Filologisk-Historiske Samfund, og det gør han mange gange, har han smidt både Rasmus og Hansen over bord, halet V'et frem af sit navn – det står for Viggo – og sat Brøndal bagefter.[3]

Viggo Brøndal sloges hele livet, også efter at han blev professor i romansk filologi i 1928 efter Kristoffer Nyrop, med sig selv og med en svigtende anerkendelse af sin særegne teoridannelse. Hans forsøg på at forbinde sprogets mindste elementer med overordnede filosofiske og bevidsthedsteoretiske kategorier fra Aristoteles til Husserl gik netop ud på at finde balancen og den indbyrdes sammenhæng mellem human helhedsvision og det minutiøse detailarbejde med sprogets grundbestanddele. Akkurat som Det Filologisk-Historiske Samfund, med et sammensat navn der angiver en dobbeltidentitet, må overveje hvad der er først og hvad der er sidst, så må også Brøndal og andre humanister gøre det. Er det det filologiske perspektiv der bestemmer hvad der kan kaldes historie, eller kommer det historiske først med det filologiske som en bredere histories mere partikulære udfoldelse?

For Brøndal og andre humanister er problemet om det er den humane helhedsvision, i dette tilfælde med sproget som centrum, der har metodiske konsekvenser som skal opsøges og afprøves, eller om det omvendt er sådan at det metodiske ligger fast ud fra allerede etablerede videnskabeligt accepterede grundsætninger, og helhedsvisionen ikke er større end denne metode tillader. Det er de to principielle muligheder der er.

Brøndals valg – som jeg her gør til et principielt eksempel – fremgår bl.a. af hans foredrag i Det Filologisk-Historiske Samfund den 6. april 1922 med titlen »Sprogforenkling«, en forberedelse af den mere udfoldede version den 19. august 1922 ved Svensk Filolog- og Historikermøde i Helsingfors, hvor det kaldes »Retningsbestemt Sprogudvikling«.[4] Han tager udgangspunkt i et overordnet helhedssyn og vil med sproget som materiale bidrage til en bestemmelse af hvad forandring er. Sproget illustrerer og eksemplificerer dette fænomen i den menneskelige kultur og bidrager samtidig selv til at forme den. Han begynder derfor med at kategorisere fænomenet, ikke med den sproglige metodik: der er det ubestemte fænomen »forandring«, det retningsbestemte »udvikling« og det værdiorienterede »fremskridt«. Hvordan bidrager disse tre kategorier til studiet af sprog, og hvordan bidrager studiet af sprog til at vi kan se deres rolle i den menneskelige kultur? Den overordnede hensigt er at finde ud af om man med sprogstudiet som baggrund kan komme ud over blot at se på forandring som en ubestemt kulturel bevægelse og i stedet se på den som udtryk for retning og værdi.

Derefter nærmest ophober Brøndal en lang række sproglige detaljer og eksempler med henblik på, for det første, at drøfte om der kan findes kriterier for at tale om retningsbestemmelser, nemlig fra komplekse til simplificerede strukturer, og eventuelle årsagsforklaringer herpå, og for det andet om der kan tales om værdiorienterede forandringer, som fx en øget smidighed i sproget der gør det bedre til at nuancere formningen af verden og udvide vores forståelse af den. I så fald kan man tale om sammenhæng mellem sprogformer og kultur- og samfundsformer.

Jeg er ikke interesseret i her at tage stilling til Brøndals konkrete resultater.[5] Lad mig blot gøre Brøndals citat fra Holberg om de la Mettrie til mit eget: »Men man seer adskillige *Argumenter*, hvorvel ilde grundede, at have noget Skin«. Jeg vil blot her bruge Brøndal til at vise én grundlæggende måde at gribe videnskabelige problemstillinger an på i humaniora. Opgaven er for ham at omsætte helhedsvisionen til konkret sproganalyse. Helhedsvisionen sætter rammen og stiller kravene. Interessant er ikke de metoder der er kendte og mulige, og hvis resultater er anerkendte. Opgaven er alene vedholdende at eksperimentere med de metoder som helhedsvisionen kræver, og som kan kvalificere den, også selv om det ikke lykkes.

Metodearbejde er en fortsat eksperimenterende proces, ikke en anvendelse. Helheden stiller en opgave, leverer ikke en garanti. Det er lige som med Honoré de Balzacs vision om *La comédie humaine*, skrevet mellem 1830 og 1850. Romanværket forblev ikke blot faktisk uafsluttet på grund af praktiske vanskeligheder som gæld, sygdom og en for tidlig død. Det *kunne* i princippet ikke afsluttes, fordi den grundlæggende komposition med gensidige referencer mellem værkerne hele tiden ville kræve revision af de allerede skrevne når nye kom til. Derfor blev projektet ved med at udfordre fantasien og den udogmatiske iagttagelse og refleksion. Det er et sådant »værksted« Brøndal allerede så for sig som 19-årig.

Derfor er Brøndals arbejde en fortsat uafgjort kamp mellem helhedskravet og den metodisk begrænsede indfrielse – hvorfor hans arbejde »utvivlsomt vil synes for Filologer for Filosofisk og Filosoffer for Filologisk«, som han siger senere i *Ordklasserne*.[6] I samme bog fastslår han at det ikke er nok at have »et harmonisk System«, det skal kunne omfatte »Fakta, hvor mangfoldige og individuelle disse end maatte være«,[7] og omvendt, dvs. set fra metode- og analysesiden, konstaterer han i *Præpositionernes Theori* at »sprogvidenskabelig Teknik« ikke er interessant i sig selv, hvis den ikke »tillige [stiller] Problemer og antyder Løsninger af sprogtheoretisk og derigennem af logisk og erkendelsestheoretisk Interesse«.[8] Metadimensionens uomgængelighed for humaniora i det 20. århundrede som videnskabeligt felt er helt klar.

Den anden principielle grundholdning til humanistiske studier vender forholdet om, men adskiller sig bestemt ikke fra den første position hvad angår metadiskussionens omfang og sofistikering. I dette perspektiv afgrænser metoden hvad vi kan sige med argumentativ pålidelighed. En monumental repræsentant for denne holdning er Brøndals faglige, karrieremæssige og personlige modsætning, Louis Hjelmslev.

Hvis den første position er en human helhedsvision med metodiske konsekvenser, kan man kalde den anden en metodisk helhedsvision med humane konsekvenser.

Hjelmslevs hovedværk, *Omkring sprogteoriens grundlæggelse*, fra 1943 begynder med en beskrivelse af forholdet mellem menneske og sprog og slutter med en vision om hvordan man bag sproget, men kun gennem sprogteorien, kan gribe menneskets sociale og bevidsthedsmæssige liv under mottoet: *humanitas et universitas*. Men mellem disse to positioner betoner han, igen og igen, at det først er gennem udvikling af en sprogvidenskabelig metode, principielt uafhængigt af og demonstrativt adskilt fra disse humane visioner, at disse kan indfries. Hjelmslev stræber ikke efter en »erkendelse der ligger uden for sproget selv, om end maaske kun fuldt ud tilgængelig gennem det,« men efter en erkendelse af sproget »som en i sig selv hvilende helhedsdannelse, en struktur *sui generis*«.[9] Det er det metodiske benarbejde i forhold til denne immanente struktur, der dikterer hvilke visioner der er mulige og nødvendige, og derfor hvor human og universel devisen *humanitas et universitas* faktisk kan blive.

I de posthumt udgivne forelæsninger fra 1934, *Sprogsystem og Sprogforandring*, diskuterer Hjelmslev, ligesom Brøndal i sit foredrag, forholdet mellem sprog og forandring. Hvor Brøndal straks går i struben på de grundlæggende betydninger og perspektiver i selve forandringsbegrebet i principiel og kulturel forstand, diskuterer Hjelmslev kun hvad begrebet kan betyde set gennem sproget som videnskabeligt objekt – er sproget som system selv bærer af forandringspotentialer, eller er det som system altid stabilt og kræver påvirkninger udefra, primært fra andre sproglige systemer? Nok kan man danne en hypotese om at ustabile historiske krisetilstande i almindelighed kan fremme forandringstendenser, mens rolige tider fremmer sprogets konservative tendenser.[10] Men er der en sproglig metode til at gribe hypotesen? Hvis ikke, er det slet ikke en hypotese, men en flyvetanke.

Igen kan man også om Hjelmslevs arbejde sige med Holberg: »Men man seer adskillige *Argumenter*, hvorvel ilde grundede, at have noget Skin«. Og igen: Det er ikke tvivlsomme detaljer i Hjelmslevs grundsyn og argumentation der optager mig her, men det principielle valg han foretager, umiddelbart efter spekulationen over krisetider og fredstider: »hypotesen hænger sammen med en doktrin, en metodologisk grundsætning, som jeg ønsker at gøre til min«,[11] altså ikke en epistemologisk, en filosofisk eller en ontologisk grundsætning som hos Brøndal, men en metodologisk om hvordan sproget kan og skal, og *kun* kan og skal, studeres for at studiet kan være videnskabeligt. Og herefter følger så en kort karakteristik af den immanente strukturalistiske metode med fokus på sprogsystemet der gør lingvistik til en »autonom videnskab.«[12]

Disse to principielle positioner, her repræsenteret af de to gamle kombattanter Brøndal og Hjelmslev, angiver under ét humanioras dilemmaer, muligheder, dynamik og legitimering i det 20. århundrede – en permanent refleksion over sammenhængen mellem mennesket og de ikke-menneskelige systemprincipper der er med til at styre det; den humane og dermed etiske placering i forhold til de metoder der former refleksionen; metadiskussionens dybere forståelse af hvad helhed, metode og formidling er for noget, men også dermed disse tre dimensioners indbyrdes løsrivelse fra hinanden og isolering som selvstændige og ikke nødvendigt sammenhængende problemer. Hvad end Brøndal og Hjelmslev kunne være uenige om, her har de fodslag – deres metateoretiske overbid er lige stort.

Og deres rod er den samme som for al humanistisk videnskab i det 20. århundrede, ja nogle vil sige hele dette århundredes videnskabelige felt, nemlig den såkaldte *linguistic turn* omkring århundredets begyndelse.[13] Denne tankegang havde sit udspring i det 18. og 19. århundredes sprogtænknings ganske vist forskelligartede formuleringer af den opfattelse at sproget ikke blot passivt er redskab for perception, begrebsliggørelse og kommunikation, men gennem sit strukturelle og funktionelle særpræg aktivt former disse tre aktiviteter. Hverken iagttagelse, tanke eller udtryk er rene, men sproget er altid medbestemmende for deres særpræg og dermed for den erkendelse de giver anledning til. Den filologiske fokusering på den empiriske detalje er i sig selv sprogligt betinget, hinsides det simple forhold at den iagttagne detalje er sproglig, og en kronologisk temporal-kausal rækkeorden er ikke spejl af historiens gang, men skyldes et møde mellem en realitet og en sprogligt betinget udformning af en historieopfattelse. Den filologisk-historiske enhed er ikke selvindlysende i det 20. århundrede.

Den mere principielle rolle sproget får i videnskabelig tænkning i almindelighed, er en konsekvens af denne sprogfilosofiske udvikling. Intet videnskabeligt sprog, hvor formaliseret det end er, kan løbe fra sit fundament i de naturlige sprog. Disse er i sidste ende basis for formuleringen af de teorier, der bestemmer hvilke objekter der udvælges til empiriske studier, af de metoder hvormed udforskningen sker, og af de måder hvorpå erkendelsen ekspliciteres og formidles. Begrebet *the linguistic turn* dækker ikke, uspecificerbart, over at sproget er almen model for verden, eller at sprogvidenskab er model for al systematisk tænkning. Det dækker over tre specificerbare forhold: 1) intet i det videnskabelige felt er givet umiddelbart, men på *betingelser* der kan og skal formuleres; 2) sproget er *konstituerende* for det videnskabelige arbejde ved at formulere disse betingelser, men udfylder jo ikke hele arbejdet; og 3) *metadimensionen* der definerer betingelserne og deres ændringer, er uomgængelig for den videnskabelige dynamik. Når sproget kan være konstitutionsgrundlag i denne sammenhæng, skyldes det at det naturlige sprog i selve sin struktur er selvrefleksivt. Det kan ikke lade være med at henvise til sin egen brug mens det bruges, gennem pronominer, tempusforhold og andre træk der udfylder deiktiske funktioner. Omdrejningspunktet for humaniora i det 20. århundrede er *the linguistic turn*, og Brøndal og Hjelmslev er to af dem der faktisk har fået tingene til at dreje.

Borgerlig nytte

Hermed kommer vi til det andet emne, der er humanioras smertensbarn og kæledægge i det 20. århundrede – den borgerlige nytte, deltagelsen i det offentlige liv. Når nødvendigheden af metadiskussioner på det videnskabelige felt skærpes, *kan* afstanden til den borgerlige nytte umiddelbart blive større. Abstraktionen bliver lige så distanceskabende som selve lærdomsindholdets tyngde i tidligere tid. Men den *kan* også betyde en øget refleksion over hvordan den videnskabelige intervention i det offentlige rum kan målrettes, og kan give et skarpere blik for at også den videnskabelige indsigts sandhedsværdi er baseret på fortsat argumentation.

Både Brøndal og Hjelmslev deltog, som så mange andre forskere, ufortrødent i det offentlige liv med kronikker og andre alment oplysende skrifter, foredrag og Folkeuniversitetsundervisning. Men i almindelighed opstår der en friktion mellem denne side af humanisternes aktiviteter og deres videnskabelige arbejde, en friktion som ikke var kendt for fx Georg Brandes og heller ikke for mange andre i det 20. århundrede. Men ikke desto mindre bliver distancen et principielt problem, hvad den offentlige debat klart viser i dag. Kan og vil vi overhovedet udtrykke os forståeligt? får vi revet i næsen.

Dilemmaet i den *svage* form ligger i at finde ud af om man kan arbejde for både Rachel og Lea – forske i én kontekst med særlige emner og fremstillingsformer og formidle i en radikalt anden. Dilemmaet kan løses hvis man kan skræve over to adskilte diskurser. Dilemmaet i den *stærke* form presser sig på, når denne adskillelse forbindes med diskussionen om humanioras egenart og legitimering i bredere forstand – er det fordi vi kan blande os klogt og effektivt i den offentlige debat, at der er forståelse for at vi kan forske i fred og ro? Eller er det fordi vi fredeligt og roligt konsoliderer vores videnskabelige positioner i den ustabile balance mellem helhedsvision og metodekrav at vi får adgang til og bliver hørt i den offentlige debat, således at det er forskningens lødighed der automatisk giver os en offentlig stemme der lyttes til? Og hvad hvis vi ønsker det skal være det sidste, men realiteten er, eller udvikler sig til, at det bliver det første? Med andre ord, den borgerlige nytte er i dag ikke i sig selv en dyd, men et minefelt hvor humaniora sættes på prøve. Denne situation er med til at forme humaniora i det 20. århundrede, især den sidste halvdel. Det stærke dilemma tilbyder ikke som det svage en løsning ved at vi optræder eller formulerer os på forskellige, selvvalgte måder. Det stærke dilemma består, fordi det definerer humanioras – og også anden videnskabelig tænknings – kulturelle situation i det 20. århundrede.

Jeg vil her eksemplificere denne side, den borgerlige nytte, med et eksempel fra århundredets første fjerdedel, men et eksempel det ikke vil volde vanskelighed at finde nutidige paralleller til. I årtiet efter 1903 blev den nye indretning af det almene gymnasium heftigt debatteret. Som det fremgår af professor J.L. Heibergs artikel »Skolebetragtninger« i maj 1912 i *Tilskueren*,[14] hvor debatten også fortsætter senere, var han indædt modstander, især i et opgør med sin lærde klassikerkollega, den dengang navnkundige rektor Georg Bruun fra Kolding, der som praktisk skolemand var afgjort *for* reformen og flittigt udtrykte sine holdninger i kultur- og skoledebatten. Han mente at indlæring af evner til at omgås videnstilegnelse var vigtigere, eller i hvert fald lige så vigtige, som konkrete kundskaber. Diskussionen mellem kompetence og faglighed er således ikke ny i skoledebatten. Derfor var problemet med at skære ned på antallet af fag for at skabe plads til nye ikke for ham og hans meningsfæller det store problem. Der var fagtrængsel, konstaterede mange, om end med andre ord, og den hindrede fordybelse.

Græsk gled ud som fællesfag, og den helhed der holdt sammen på det hele, den klassiske, røg samme vej, mener Heiberg, fordi den selvstændige adgang til denne kultur gennem direkte sprogligt kendskab forsvandt. Moderne sprog i et anvendelsesperspektiv kan derfor ikke give nødvendig dannelse. Og samtidig bruger Heiberg det trick vi andre også kender i dag: de der er berøvet adgang til klassisk dannelse, beder selv om det, selv om de ikke ved hvad det er. Han refererer til de såkaldte praktikere i Frankrig og USA, der selv angiver at de mangler klassisk dannelse. I stedet byggede gymnasiet på en grenspecialisering, som opsplittede verden og dermed de mennesker der lærte om den på denne måde. Elever, lærere, forskere, politikere, ja alle, blev simpelt hen usikre på hvilke fag og metoder der rummede den helhedsskabende almendannelse. Ikke blot skulle dén defineres, men også hvor den hørte hjemme.

Det interessante er nu at Heiberg i denne lokaliseringsmanøvre får hjælp fra sin medicinske professorkollega Carl Julius Salomonsen, der selv er en vidtfavnende og i klassisk forstand alment dannet person fra et hjem med mindst ét klaver, optaget af at læger skal have menneskelig helhedsforståelse for at kunne praktisere og af pædagogiske spørgsmål i sin undervisning. I sine »Pædagogiske Strøtanker« fra 1914 giver han sit besyv med.[15] Det nye gymnasium er helt slapt og eftergivende med hensyn til lektier og forberedelse og overhovedet krav til eleverne, og vil kun tilbyde dem at undervise i det der morer dem. Glemt er de tre L'er fra den gamle skole: Lektier, Lærdom, Latin. Græsk og latin havde det fortrin at de stillede krav der hverken morede eller nyttede, ud over at de skulle læres og beherskes, og var derfor glimrende redskaber til studiedisciplin, uafhængigt af indholdet. Men eleverne selv vil, som unge i almindelighed, kun mores og er ødelagt af *akrobatisme* – dvs. overdrevet krops- og sportsinteresse, af *specialisme* – dvs. af kun at lære det de lige præcist skal bruge til noget bestemt, og af *teknicisme* – dvs. dyrkelse af teknologiens velsignelser og pseudofremskridt. Helheden og dens faste garant, den klassiske oldtid, er væk. De unge møder dårligt udrustede op på universiteterne, og disse bebrejdes ideligt og uretfærdigt af politikere og andre udenforstående at de er træge, dårligt ledede og udviklingsfjendske.

Salomonsen er dog som mange for en moderat fornyelse med anvendelsesorienterede moderne fag, herunder moderne sprog og litteratur, også dansk, og moderne historie. Den helhedsorienterede dannelse må derfor enten reserveres i enkelte humanistiske fag, eller blive en generel forpligtelse for hele fagrækken. Samtidig er Salomonsen derfor også optaget af det man også dengang drøftede ihærdigt som »naturvidenskabelig dannelse«. Derom talte han ved Studentersamfundets rusmodtagelse i 1913[16] sammen med netop Heiberg, der talte om klassisk dannelse. Med ord og vendinger der i det store og hele kan citeres her og nu i den løbende debat om det ændrede dannelsesbegreb i den aktuelle gymnasiereform. Her er også naturvidenskabelig dannelse på programmet, ganske vist set i ahistorisk forkortning som en ny problemstilling.

1903-reformen aktualiserede debatten med videreførelsen af og en tiltænkt styrkelse af den matematisk-naturvidenskabelige linie fra 1871. Salomonsen er helt på det rene med at »Dannelsesidealet skifter stærkt fra Aarhundrede til Aarhundrede. Just nu er det [...] i Færd med at ændre sig«.[17] Derfor er helhedsforståelse ikke dogmatisk fastlagt, men under diskuterende etablering. Det der er hans vision, er et nyt historisk-naturvidenskabeligt dannelsesideal i den *harmoniske* Uddannelses Navn«,[18] hvor klassiske og naturvidenskabelige idealer forenes. Men det er imidlertid dømt til at fejle, hævder han, fordi man har lavet en grendeling uden samtidig at kræve at alle »Teologer, Jurister og Filologer« skal gå »den matematisk-naturvidenskabelige Vej« og alle »Medicinere og Naturforskere« den sprogligt-historiske som Salomonsen selv.[19] Specialiseringen er roden til alt ondt. I stedet for at blive et «frigørende Element i det Aandsliv, som man [tidligere] fandt alt for ensidigt præget af græske og latinske Sprogstudier,« er naturvidenskaberne nu blevet »Teknikkens Tjenerinder«.[20]

Senere blev Salomonsen herostratisk berømt ved at dømme moderne kunst ude som patologisk, *dysmorfistisk*. Det sker i en heftig polemik, kaldt »Ekspressionismedebatten,« efter Kunstnernes Efterårsudstilling 1918, bl.a. med den lige så klassisk engagerede, men helt anderledes orienterede Otto Gelsted. Grundlaget hos Salomonsen er imidlertid hverken bigotteri eller snerpethed, men just det forhold at i kunsten – ligesom i uddannelsessystemet – er en ideal helhedsforståelse af mennesket og verden forsvundet, udtrykt enten ved billedernes deformering af den ideale krop eller ved deres totale abstraktion og mangel på mimetisk virkelighedsforankring.[21]

Denne form for dogmatisk helhedsforståelse er i klar modstrid med den opfattelse der er undervejs i den videnskabelige humanisme, nemlig at helhed er en foreløbig dannelse der etableres og forandres gennem fortsat debat og kritik. Gelsted peger korrekt på at deformering, selektiv iagttagelse og eksperiment altid har været kendetegnende for kunst, også den Salomonsen bygger på. Både Brøndal og Hjelmslev demonstrerer at det kræver en veludviklet metadimension at skabe helhed og sammenhæng, en metadimension der er bedre forankret i sproget end i patologien. Og det er just denne dimension Salomonsen som lægmand mangler, idet han tager den klassiske helhed som han nu kender og uden videre tager for givet. Gennem ham bliver afstanden mellem offentlig debat og videnskabelig erkendelse klart demonstreret.

Når jeg har taget skoledebatten og Salomonsen frem, skyldes det fire ting. For det første understreger han at humanistisk debat med borgerlig nytte er en debat om et helhedsperspektiv og dermed om et værdiperspektiv. For det andet illustrerer han at offentlig debat er en proces der skal gentages. Helheden er ikke offentligt til stede, hvis debatten ikke foregår. Skoledebattens grundlæggende positioner genopføres således igen i dag i forbindelse med den nye gymnasiereform, næsten med en frapperende citatlignende gentagelighed. Men denne gentagelse er ikke udtryk for debattens trivialitet eller for den offentlige fordummelse, men for at debatten som sin kerne har et problem med fortsat relevans. At holde denne debat ved lige, også med gentagelsernes nødvendighed, er derfor borgerlig nytte.

For det tredje illustrerer han et nyt dilemma: den humanistiske forskning bliver, trods sin insisteren på helhedsvisionens grundlæggende problem, mere og mere specialiseret i kraft af metadimensionens øgede videnskabelige nødvendighed, og den bliver derfor et anliggende for humanistiske fagspecialister. Det er ikke længere en botaniker med poetiske tilbøjeligheder, Carsten Hauch, der bliver professor i æstetik i ca. 25 år, men én som mig der til nød kan skrive en selskabssang. Men en meningsfuld offentlig debat om humanistiske anliggender er netop ikke en sag for humanister alene. Humaniora er mest succesrig og relevant når den sætter en dagsorden for den samlede debat, men ikke nødvendigvis fører den selv. Det er borgerlig nytte, om end af den upåagtede slags.

For det fjerde minder Salomonsens livtag med naturvidenskabelig dannelse os ikke blot om dannelsesbegrebets nødvendige forandring i form, indhold og funktion, en forandring der netop skyldes den engagerede offentlige og dermed nyttige debat. Han minder os også om at det nyere dannelsesbegreb (også) har sin rod i naturvidenskabernes bevidsthed om nytte for alle, tilgængelighed for alle og dermed en formidlingsforpligtelse for alle. De nye videnskabsakademier, skabt i kølvandet på de naturvidenskabelige gennembrud fra det 17. århundrede og frem, valgte folkesprogene til at kommunikere deres overvejelser og resultater. Trods det latinske valgsprog *nullius in verba* gælder det også det første af dem, Royal Society. Dannelse uden dogmatik, ved selvgjort iagttagelse, eksperiment og formidling, det var idealet. Senere løb humaniora ganske vist med dannelsen, mens naturvidenskaben løb væk. Det vil måske i en fortsat debat være en borgerlig nyttig funktion for humaniora at give slip på dannelsesmonopolet og være dét sted hvor initiativet til et fælles forpligtende dannelsesideal formuleres i de uddannelsesændringer vi står med i dag. Borgerlig nytte anno 2004.[22]

Doctrina et virtute

Humanisternes styrke i det 20. århundrede er at gøre deres professionelle arbejde til en moderne videnskabelig disciplin på linie med andre og at udvikle metadiskussionen om tolkning, registrering, metode, sandhedskriterier osv., så den kan foregå – men jo ikke altid foregår – på tværs af det videnskabelige landkort. Det bidrog Brøndal og Hjelmslev til ligesom Heiberg og Salomonsen, hver fra deres hjørner af landkortet.

Humanisternes force er endvidere at de har kunnet sætte en dagsorden i den offentlige debat, bl.a. ved uddannelsesreformer. Dannelsen som diskussionsemne er uomgængeligt til stede. Men videnskabeliggørelsen af humaniora har samtidig distanceret humanisterne – for nogle med beklagelse, for andre som en velkommen indgang til elfenbenstårnet – fra selv at præge og forme den debat de har sat på dagsordenen. Andre, som medicineren Salomonsen, går ind – fylder den humanistiske dagsorden ud, men uden at kunne bruge den metadiskussion der sikrer at helhedsvisioner er åbne, hvorfor han bliver dogmatisk. Heiberg udkæmper et slag der allerede har fundet sted, Salomonsen indleder et nyt slag med gamle våben, mens Gelsted møder op med nye våben.

Dette spændingsforhold præger også kulturdebatten i dag og præger os alle, hvis vi tager humaniora alvorligt som et studium der som sin kerne har menneskelig betydnings- og værdidannelse. Georg Bruuns gymnasium i Kolding har mottoet *Doctrina et virtute*, og mon ikke den dobbelthed mellem videnskab og nytte der ligger gemt her, har foresvævet ham når han så aktivt gik ind i uddannelsesdebatten og gjorde dobbeltheden til en enhed? Tager man lidt mere tekst med fra Horats' epistel hvor det frimodige *nullius in verba* står, er det også denne dobbelthed der er mest markant, ikke den isolerede undsigelse af dogmatisk følgagtighed. Han, stoiker som Holberg, trækker sig tilbage fra professionen for nu, hvor han ikke mere skal stå til regnskab for andres ord, så meget desto stærkere at kaste sig ind i det civile liv med sand »dyd«.[23] I dag kan vi ikke løse problemet om forholdet mellem faglig stringens og offentlig forpligtelse blot ved at trække os tilbage fra den ene forpligtelse.

Hvad den unge Hansen så som en enhed mellem »videnskabelig Klarhed« og »borgerlig Nytte,« personificeret i Holberg, ser nok anderledes ud i dag. For nogle et dilemma med en kierkegaardsk form: hæng dig eller hæng dig ikke, du vil fortryde begge dele. For andre en udfordring der skaber nye synteser efter devisen: *whenever you come to a forked road, take it.*

Noter

1. »Nullius [addictus iurare] in verba [magistri]« [ikke sværge lydighed over for nogen herres ord] fra Horats = epistler, bog 1, epistel 1, vers 14. Motto for The Royal Society, grundlagt 1660, som den empiriske naturvidenskabs første videnskabsselskab (www.royalsoc.ac.uk/AnniversaryAddress2003).
2. Kai Henriksens søn, Bjørn Henriksen, har i 1991 sendt mig sin fars efterladte postkort med mødeindkaldelser.
3. Viggo Brøndals videnskabelige papirer ligger i Ny Kongelig Samling (NKS) 4297. Prisopgaven om Holberg udgør Kapsel 1. Citaterne er fra den indleverede afhandlings »Slutning«, kladdedelen pp. 69-73. Oplysningerne om arbejdets gang findes i et indlagt »Efterskrift«. Viggo Brøndals data og besked om udfaldet af bedømmelsen er omtalt i hans ridderbiografi fra 1936 i Ordenskapitlet.
4. NKS 4297, kapsel 22, i to læg, »Sprogforenkling 6. april 1922« og »Retningsbestemt sprogudvikling 19. august 1922«.
5. Interesserede kan se nærmere i min disputats, Svend Erik Larsen: *Sprogets geometri* 1-2. Odense: Odense Universitetsforlag, 1986.
6. Viggo Brøndal: *Ordklasserne*. København: Gad, 1928, IX.
7. Viggo Brøndal, *Ordklasserne*, 181.
8. Viggo Brøndal: *Præpositionernes Theori*. København: Munksgaard, 1940, VI.
9. Louis Hjelmslev: *Omkring sprogteoriens grundlæggelse*. København: Akademisk Forlag, 1. udg. 1966, 6-7.
10. Louis Hjelmslev: *Sprogstruktur og sprogforandring*. København: Nordisk Sprog- og Kulturforlag, 1972, 22.
11. Hjelmslev, *Sprogstruktur*, 22.
12. Hjelmslev, *Sprogstruktur*, 22.
13. Se fx Richard Rorty (ed.): *The Linguistic Turn*. Chicago: Chicago University Press, 1967.

14. *Tilskueren* 1912, 431-450. Denne debat er en fortsættelse af debatten om reformer af den højere undervisning efter især 1850 og 1871 med tvedelingen af gymnasiet og 1903 med tredelingen og ændring af uddannelsens længde og forhold til de videregående uddannelser. Meget materiale er anvendt og anført i Harry Haues disputats *Almendannelse som ledestjerne*. Odense: Syddansk Universitetsforlag, 2003, især pp. 181-320. Jeg trækker dels på bogens referencer, dels på andre med det snævrere fokus jeg anlægger her. *Tilskueren* årgang 1912-13 med en række indlæg af vigtige aktører i debatten er et koncentreret udtryk for hele debatten, og også for hvor lidt den flytter sig gennem ca. 50 år, fx siden Heibergs forsvar for græsk som fællesfag i »Om græsk som det centrale Fag i vor højere Undervisning« i *Tilskueren* 1884 (486-509) i den fortsatte debat af 1871-ordningen.
15. Optrykt i Carl Julius Salomonsen: *Smaa-Arbejder*. København: Levin og Munksgaard, 1917, 195-217.
16. Trykt som »Bemærkninger om »naturvidenskabelig Dannelse«« i Salomonsen, *Smaa-Arbejder*, 186-194.
17. Salomonsen, *Smaa-Arbejder*, 186.
18. Salomonsen, *Smaa-Arbejder*, 187.
19. Salomonsen, *Smaa-Arbejder*, 188.
20. Salomonsen, *Smaa-Arbejder*, 190.
21. Carl Julius Salomonsen: *Smitsomme Sindslidelser før og nu med særligt Henblik paa de nyeste Kunstretninger*. København: Levin og Munksgaard, 1919, og *Tillægsbemærkninger om Dysmorphismens sygelige Natur*. København: Levin og Munksgaard, 1920. Otto Gelsted: »Ekspressionisme«, i *Tilbageblik på fremtiden* II. København: Sirius, 1977, 61-80. Se Svend Erik Larsen: »Værdier på bristepunktet«, i *Litterær værdi og vurdering*, Jørgen Dines Johansen og Erik Nielsen, red., Odense: Odense Universitetsforlag, 1979, 173-214.
22. Den debat er både mulig og også ønsket uden for humaniora, se fx Svein Sjøberg: *Naturfag som allmendannelse*. Oslo: Gyl-

dendal, 1998; Ernst Peter Fischer, *Die andere Bildung*. München: Ullstein, 2003.
23. »Nunc agilis fio et mersor civilibus undis, virtutis verae custos rigidusque satelles« [nu bliver jeg handlekraftig og kaster mig ud i det politiske livs bølger, den sande dyds hårdnakkede vogter og tjener], Horats' epistler, bog 1, epistel 1, vers 16.

Morten Nøjgaard

Humaniora og humanisme
Om etiske principper for videnskabelig virksomhed

Har vor tids enorme humanistiske forskning sluppet forbindelsen med sit udgangspunkt, renæssancens lille skare af idealistiske humanister? Humanioras teknificering er uomtvistelig, og humanismens menneskesyn angribes fra mange sider i den moderne verden. Ud fra en bestemmelse af tre grundlæggende træk ved en humanistisk holdning søger jeg at vise, at de alle tre må være nærværende og virkende i den humanistiske forskning, hvis denne ikke skal havne i umenneskelighedens absurditet.

Humaniora og humanisme
Om etiske principper for videnskabelig virksomhed

Humanismen og humaniora er nært forbundne størrelser; det viser allerede sproget. De har fælles rod i renæssancetidens forsøg på at lægge det egentlig menneskelige til grund for en sammenhængende tilværelsesforklaring. Alligevel er det ikke helt let i dag at bringe dem i meningsfyldt forbindelse, fordi de begge er blevet i den grad problematiserede, at man knap nok ved, om de hver for sig kan forbindes med nogen fast mening. At humanismen har svære legitimitetsproblemer, fremgår med al tydelighed af dagens værdidebat, og at humanistisk videnskab står midt i en bitter eksistenskrise, føler enhver universitetsansat på sit eget skind. Denne krise er utvivlsomt først og fremmest en værdikrise, der hænger sammen med spørgsmålet om, hvorvidt den humanistiske holdning, humanismens livssyn, stadigvæk må udgøre det faste etiske grundlag for den humanistiske forskers virksomhed. Anderledes sagt drejer krisen sig i alt fald også om, hvorvidt humanisme endnu i dag kan anskues som en acceptabel etikette for de etiske principper, der *nolente volente* må styre al videnskabelig aktivitet, eftersom alle menneskelige intentionale ytringer/handlinger, herunder de videnskabelige, er værdibaserede. Det kan forekomme banalt at minde om, at en humanistisk videnskab, der ikke grunder sig på en etik – som naturligvis ikke behøver at være »humanistisk« – er en absurditet, men jeg behøver blot at henvise til debatten om dannelsen af Etisk Råd for at illustrere, at denne banalitet på ingen måde er en selvfølge for alle forskere.

Jeg har ingen illusioner om fyldestgørende at kunne besvare dette afgørende spørgsmål, altså dette: »er humanisme stadig i dag en acceptabel etikette for de etiske principper, der må styre vores videnskabelige virksomhed?«, men jeg vil forsøge at nærme mig en besvarelse ad to veje. For det første må vi overveje ikke alene, om det overhovedet giver nogen mening at tale om »humanioras formål«, altså om der i etisk forstand er en mening med vores forskningsvirksomhed, men også om det er i den gamle humanisme, vi kan finde et grundlag for en sådan videnskabens etik. For det andet må vi analysere humanismens krise i vore videnskaber for at få en fornemmelse af, hvorfor det ikke længere er indlysende at hævde, at humaniora er humanistisk. I det følgende vil jeg koncentrere mig om humanioras formål, men også give et par eksempler på, hvorledes humanismens krise kommer til syne i de moderne videnskaber om mennesket.

Lad os først bestemme de to begreber. Jeg giver ikke nogen definition, men nedfælder blot de træk ved humaniora og humanisme, jeg får brug for i det følgende.

Humaniora

Videnskaber, der har mennesket som studiegenstand. Det menneskelige som studieobjekt kan siges at have tre fremtrædelsesformer, som igen giver grundlag for tre forskellige typer humanistisk videnskab:

1) videnskaber, der arbejder med bevidsthedstilstande og -processer (f.eks. psykologi og filosofi).
2) videnskaber, der beskæftiger sig med studiet af adfærd (f.eks. sociologi og jura).
3) videnskaber, der studerer bevidsthedsprodukter (f.eks. lingvistik og æstetik).

Humanisme

En etisk holdning i den videnskabelige virksomhed; den præges af tre træk, der alle har noget væsentligt at gøre med det at være et videnskabeligt menneske:

1) Individet er udgangspunkt og endemål for vor erkendelse. En forudsætning er naturligvis, at man overhovedet anerkender eksistensen af et frit, selvstændigt, autonomt subjekt. Det siger endvidere sig selv, at aksiomet om det autonome subjekt indebærer, at dette er uberoende af andre subjekter: det er frit, som man siger. Det er derfor, en Georg Brandes for eksempel i den berømte fortale til første bind af *Hovedstrømninger* (1872) så stærkt betoner, at den frie forskning uløseligt er bundet til den frie tanke: »Det forrige Aarhundredes to store Grundtanker var disse: i Videnskaben

den frie Forskning, i Poesien Humanitetens frie Udfoldelse«. I vore flerkulturelle samfund er det vigtigt at huske på, at selve forudsætningen for den frie tanke (og dermed den frie forskning) er overbevisningen om individets selvstændige eksistens, dets autonomi. Det var en selvfølge for Brandes livet igennem, men opleves af mange kulturer som et satanisk postulat.

2) Kun dén videnskabelige adfærd er humanistisk, som er styret af omsorg for mennesket. Heri ligger naturligvis et vældigt problemfelt på grund af begrebet menneskes mangetydighed: er det næsten, således som det forudsættes i fortællingen om den barmhjertige samaritaner? Er det »den anden«, således som vi finder det i Lévinas' tanke om, at det først er ved at se mig selv i den andens ansigt, at jeg kommer til etisk eksistens? Eller er det endelig selve arten, som det drejer sig om at forbedre? Vi finder f.eks. tanken hos Ernest Renan, der i 1876 i kølvandet på oplysningstidens drømmerier om menneskets perfektibilitet og på Condorcets utopi om menneskehedens evige fremadskriden (*Esquisse d'un tableau historique des progrès de l'esprit humain*, 1793-94) udkaster en frankensteinsk plan om at skabe en race af overmennesker, af Asaer, siger han ligefrem:»En omfattende anvendelse af fysiologiens opdagelser og af princippet om den naturlige udvælgelse kunne føre til dannelse af en højerestående race, som ville grunde sin ret til at styre verden ikke alene på sin videnskabelighed, men på selve sit blods, sin hjernes og sine nervebaners overlegenhed. [...] en Asa-fabrik, en *Asgaard* vil kunne grundlægges midt i Asien [...].« (Une large application des découvertes de la physiologie et du principe de sélection pourrait amener la création d'une race supérieure, ayant son droit de gouverner, non-seulement dans sa science, mais dans la supériorité même de son sang, de son cerveau et de ses nerfs. [...] Une fabrique d'Ases, un *Asgaard*, pourra être

reconstitué au centre de l'Asie [...]. »Troisième dialogue, »Rêves«, i: *Dialogues et fragments philosophiques*, Paris 1876, 116).

3) Det mest menneskelige ved mennesket er fornuften. Også her volder begrebets mangetydighed problemer: fornuften er jo ikke blot »ratio«, den kølige forstand, men også f.eks. »følelsernes fornuft«; jf. Pascal: »Le cœur a ses raisons que la raison ne connaît pas«; man kan føje til, at det i dag er på mode at tale om »kroppens fornuft«. I og med at fornuften indgår som et grundlæggende træk i den humanistiske bestemmelse af et menneske (»uden fornuft intet menneske«), indebærer dette princip også tanken om fornuftens universalitet: ethvert menneske er udstyret med fornuft. Når man så kæder dette træk, fornuftens universalitet, sammen med princippet om det autonome individ karakteriseret ved dets iboende frihed, får man, hvad man kunne kalde moderne videnskabs praktiske fornuft, nemlig den kritiske tanke: det fornuftstyrede udsagn er altid åbent for den frie tankes kritik, for ellers ville det benægte den andens frihed, autonomi.

Jeg understreger, at jeg her tager begrebet humanisme ikke som betegnelse for en filosofi med et bestemt budskab, en doktrin, men som betegnelse for en holdning, for en etik.

Humanioras formål

Formålstænkning og finalistiske ræsonnementer er ikke god tone i videnskaben, men skal det have nogen mening at konfrontere humaniora med den humanistiske holdning, må vi nødvendigvis sætte humanioras formål under debat. Hvorfor skal man da bedrive »de menneskelige studier«? Lad os prøve at samle de mange mulige svar i tre hovedgrupper.

For det første kunne det tænkes, at humanioras hovedformål var at frembringe en tilværelsesforklaring. Det er jo ikke uden grund, at de humanistiske videnskaber har deres oprindelse i teologien og i bibelstudiet. Med en sådan målsætning ville man tilgodese humanismens krav om at se alting i den menneskelige sammenhæng. Vi får altså en videnskab, hvis opgave det er at tolke det gådefulde, at genskabe den helhed, der afklarer. Det relativt nye medlem af Forskningsrådet for Kultur og Kommunikation, Rie Bülow-Møller, professor i engelsk og kommunikation på Copenhagen Business School, siger det således: »Humanistisk forsknings berettigelse er at skabe mening og skabe værdier [...].« (*Kræmmerhuset*, sept. 2004)

Eller var det ikke bedre, om humaniora gjorde sig til en »rigtig« videnskab og således forblev tro mod et andet af humanismens idealer, nemlig tanken om »ratio«, forstanden, som nøglen til sand indsigt. Problemet er her, at en sådan opfattelse er nært forbundet med tanken eller illusionen om menneskets guddommelighed, en tanke, der er grundlæggende for humanismen som *filosofi*. Først når vi tildeler menneskets ratio absolut magt, altså antager, at vi ved fornuftens hjælp kan forstå alting om alting, bliver det os nemlig muligt at udfolde det skjulte – hvilket er noget helt andet end at tolke det gådefulde. Det bliver altså humanioras opgave at åbenbare livets hemmeligheder, at vise »hvordan det hele fungerer«. Det er tankevækkende, at denne type svar umiddelbart passer bedre på naturvidenskaben end på humaniora.

Endelig kunne den humanistiske videnskabsmand jo mere ydmygt forstå sig selv som menneskets tjener og dermed realisere humanismens bud om omsorg for mennesket. Hvis det er det, der er formålet, er videnskabsmanden altså en slags tekniker og videnskaben den kunst (techne, τέχνη) at gøre noget godt for mennesker, at fremme menneskets velfærd, at være »nyttig«. Det er i virkeligheden også det,

R. Bülow-Møller mener, for ovennævnte passage fortsætter således: » – og de [værdierne] skal ud i samfundet, ikke nødvendigvis for at tjene penge, men fordi et samfund ville være fattigt uden dem«, altså gøre os til rigere mennesker.

Præsidenten for det svenske Vitterhetsakademien Anders Jeffner, professor em. i livsanskuelsesvidenskab, ligger på samme linie i sin diskussion af begrebet »tillväxts« positive og negative betydninger for forskningen: »Forskning skal bidra till att vi växer som människor och att det goda samhället gradvis förverkligas.« Men han advarer samtidig mod at forstå »tillväxt« som et økonomisk parameter (jf. Bülow-Møllers forbehold: »ikke nødvendigvis for at tjene penge«): »Tillväxt bliver detsamma som ekonomisk tillväxt eller ökad konkurrenskraft för det egne landet.« (*Kungl. Vitterhets Historie och Antikvitets Akademien. Årbok MMIV.* Stockholm 2004, p. 7). Men hvis humanioras formål virkelig er »at bidrage til virkeliggørelsen af det gode samfund«, så må humanisten nødvendigvis betragtes som en slags humanitetens ingeniør, kort sagt en tekniker.

Så paradoksalt det end kan lyde, er det således i dette perspektiv teknikken og ikke videnskaben, der i henseende til principppet om omsorg for mennesket er humanismens sande arvtager. Det er ikke uden grund, at mange af de store grundlæggere af vor modernitet i humanistisk-social forstand netop var så fascinerede af teknikken. Tænk blot på Denis Diderot, Benjamin Franklin eller vores egen H.C. Andersen. Og mon ikke man omvendt tør antage, at et flertal af det 19. århundredes foregangsmænd inden for videnskab og teknik så sig selv som menneskehedens velgørere, som apostle for en ny menneskelighed: H.C. Ørsted, Louis Pasteur eller Henry Ford? Teknikken sætter nemlig betingelsesløst mennesket i centrum, og den »opfinder« sine kunstprodukter alene for at tjene mennesket, dvs. skabe en bedre tilværelse for os alle sammen. I en fransk skolebog fra 1880'erne hedder det f.eks. om Pasteur: »Videnskabsmændenes opdagelser mildner menneskehedens plager. De fortsætter med at sprede deres velgerninger, selv når de store mænd ikke er mere. Thi det gode, vi gør, lever videre efter os. Det onde desværre også. Lad os i vores lille verden bidrage til, at det gode sejrer.« (»*Les découvertes de Pasteur*. Les découvertes des savants allègent les maux de l'humanité. Elles continuent à répandre leurs bienfaits alors même que les grands hommes ne sont plus. Car le bien que nous faisons nous survit. Hélas! le mal aussi. Contribuons dans notre petite sphère à faire régner et triompher le bien.« G. Bruno, *Le Tour de France par deux enfants*, éd. 1905, p. 302).

Det er ikke tilfældigt, at i Det Moderne Gennembruds litteratur repræsenteredes det fremskridt, som man antog, den moderne videnskab uundgåeligt ville føre med sig, af læger og ingeniører.

Hvoraf kommer det sig da, at netop teknikken i dag fremtræder som den videnskabelige aktivitet, som forekommer os allerlængst væk fra humanismens ideal? Spørgsmålet har tydeligt nok paradoksets form: teknikken, der har mennesket som centrum og menneskets velfærd som formål, har udviklet sig til at blive indbegrebet af umenneskelighed.

Humanioras teknificering

Vi møder f.eks. paradokset i det dilemma, den moderne sundhedsteknologi er løbet ind i. Som teknologi betragtet, dvs. som kunsten at helbrede, vil sygeplejen jo det bedste for os alle sammen. Nu ved vi, at dette hensyn ikke nødvendigvis falder sammen med hensynet til det, der er bedst for den enkelte, for hvad nu hvis helbredelsen af dennes lidelse forbruger de ressourcer, som ville kunne have reddet ti andre? Derfor fører den teknologiske anskuelsesmåde os med indre nødvendighed til at overføre afgørelsen af, hvem der skal helbredes – i sidste ende hvem der skal leve, og hvem der skal dø – til netop sundhedsteknokraterne. Det bliver altså den økonomiske fornuft, der er af teknisk natur, som overtager ansvaret for at administrere omsorgen for mennesket, skønt den pr. definition kun kender talmængder og ikke individer og derfor er uforenelig med selve begrebet omsorg.

Denne udvikling harmonerer slet med, at sundhedssektoren netop har slået sig op i samfundet på en humanistisk ideologi, der er grundet på omsorgen just for den enkelte; man tænke blot på lægeløftet. Omsorg er selve de talløse sundhedsarbejderes eksistensberettigelse. Derfor bliver det utåleligt for disse åbent at opgive idealet om »at redde liv«, »kæmpe for patienten« osv., til fordel for den skjulte teknologiske målsætning om rationel sundhedsstyring med dens krav om »cost-benefit«-analyser som grundlag for beslutninger til det fælles bedste, javist, men måske med fatale konsekvenser for den enkelte.

Resultatet af dette dilemma er handlingslammelse, for samtidig med at vi erkender »rationaliteten« i det teknologiske ræsonnement, kan vi ikke give afkald på vor forpligtelse over for det enkelte individ. Derfor ser vi, at de offentlige beslutningstagere står magtesløse over for problemerne og trækker snart i den ene, snart i den anden retning: hvordan prioritere mellem de utålelige ventelister og indkøbet af en avanceret hjernescanner? Et andet og ikke mindre alvorligt resultat af dilemmaet er den psykiske konflikt, det ofte fører plejepersonalet ud i. Vi oplever, at den psykiske belastning bliver for stor for den enkelte sundhedsarbejder; man forlader tjenesten eller får stress osv. Kort sagt, plejepersonalet bryder psykisk sammen under presset fra patienterne om mere menneskelighed og kravet fra sundhedsteknokraterne om større »produktivitet«. Nogen løsning øjnes ikke, for som sundhedsteknologi er medicinen uløseligt knyttet til videnskaben med dens upersonlige subjekt, der i den enkelte patient kun kan se en biokemisk proces uden anden agent, andet handlende subjekt end naturen selv. Deraf måske en af forklaringerne på de alternative terapiers succes (»healing« osv.), for de behandler den syge arm som tilhørende et helt menneske, ikke som en abstrakt ramme om en upersonlig proces. Dilemmaet er også kommet til udtryk i de senere års talrige folkelige protestbevægelser mod at nedlægge de små lokale sygehuse til fordel for de store højteknologiske regionshospitaler.

Teknologiens afhumanisering består altså i, at grundvidenskabernes udvikling, der har skabt grundlag for en eksplosion af behandlingsmuligheder, har tvunget teknikerne til at opgive troen på det personaliserede subjekt og dermed den omsorg for den enkelte, der var dens udgangspunkt som etisk rettesnor. En ganske tilsvarende paradoksal udvikling har fundet sted inden for samfundsvidenskaberne. Disse tidligere så klart humanistiske videnskaber giver måske det tydeligste eksempel på, hvorledes humaniora kan udvikle sig i antihumanistisk retning under teknologisk indflydelse.

Når man læser nyere sociologiske studier over menneskelig adfærd i alle mulige sammenhænge, hænder det ikke sjældent, at man bliver grebet af et sært ubehag. Forstemt spørger man sig selv, hvad meningen egentlig er med de kolossale masser af tabeller, der spyes ud af alverdens socialforskningsinstitutter. Ja, meningen er jo ganske åbenbart ikke at hjælpe den enkelte med at klare sig, men derimod at hjælpe samfundet med at klare den enkelte! Omsorg er blevet til forsorg. Årsagen er, at når man forstår sociologiens forskningsresultater som teknologiske bidrag til adfærdsstyring, bliver det subjekt, samfundsvidenskaben handler om, naturligvis af kollektiv karakter.

Samfundsvidenskabernes teknologiske massesubjekt forklarer delvist, hvorfor et overvældende flertal af socialarbejdere føler sig tiltrukket af lighedstanken på det politiske plan. Faktisk kan vi løse de sociale problemer, hvis vi opgiver vor subjektivitet til fordel for en lige andel i fællesskabet, i alt fald så længe vi holder os inden for rammerne af de nordiske velfærdssamfund og undertrykker vor samhørighed med samfund af helt andre typer. Det kan på den baggrund ikke undre, at de socialteknikker, der udvikles af vor moderne samfundsvidenskab, så at sige naturnødvendigt har en lighedsstræbende karakter. Da teknikkerne arbejder ud fra forestillingen om et kollektivt subjekt, må de rette sig mod individer, hvis adfærd kan rummes inden for fælles parametre. I en tilspidset formulering kan man således hævde, at den moderne socialteknik, der bygger på samfundsvidenskab og har lighed som sit mål, er antihumanistisk. Den teknologiske forståelse af humanismen fører altså til en fornægtelse af tanken om individet som videnskabens udgangspunkt og endemål og dermed til videnskabens dæmonisering. For når dens subjekt ikke længere er det enkelte menneske, må det jo være en eller anden form for overmenneske.

Humanisme og eksakt videnskab

Et tilsvarende dilemma havner vi i, hvis vi prøver at presse humaniora snævert ind i en af de to andre bestemmelser, tilværelsestolkning eller videnskabelighed. Det er let at se, hvis vi opfatter humaniora som tilværelsesfortolkning. På den ene side er det indlysende, at hvis ikke de humanistiske studier frembringer indsigt i dele af den menneskelige virkelighed, skaber mening, som Bülow-Møller udtrykte det, bliver de aldeles uinteressante. På den anden side er der vel ingen »humanist«, der vil opfatte sig selv som en slags teolog. Man kan gå med til, at man afslører sandheder, altså vinder indsigt i, »hvordan tingene hænger sammen« på et eller andet velafgrænset område, men ikke at man nærmer sig selve sandheden om tilværelsen. På den måde gøres tilværelsestolkningen nærmest til en slags lykkeligt biprodukt af den humanistiske forskning, en heldig sidegevinst, der dog på ingen måde kan gøre det ud for humanioras »egentlige« formål.

Medens denne opfattelse således næppe giver humanisten anfægtelser, forholder det sig helt anderledes med den tredje holdning, den der drejer sig om de humanistiske studiers videnskabelighed. Her står vi over for humanioras allermest penible dilemma i dag. Det er jo så fristende at skære igennem og sige, at vores opgave som humanister simpelt hen er den samme som naturvidenskabsmandens, altså at udfinde »forklaringer« på iagttagelige enkeltfænomener. Det, der i det moderne samfund så helt åbenbart legitimerer os humanister som videnskabsmænd – og berettiger os til at hæve vores løn – er just vor institutionelle samhørighed med de »eksakte« videnskaber. Sprogforskeren, antropologen eller filosoffen er videnskabsmænd på samme måde som biologen, fysikeren eller zoologen, for hun/han arbejder som dem på med fornuften som redskab at udforske naturen. I den forstand kunne det se ud, som om vi alle simpelthen var »naturforskere«.

Men er vi nu også det? Påstanden skærer ganske vist tværs igennem humanistens videnskabelige dilemma, men den løser det sandelig ikke, flytter det blot væk fra humanioras formålsbestemmelse over til spørgsmålet om dets genstand. I denne nye skikkelse bliver dilemmaet følgende: det ønskede fælles formål står i modstrid med de studerede fænomeners faktiske væsensforskellighed. Når man postulerer et fælles formål for alle videnskaber, beror forskellen mellem humaniora og de andre videnskaber tilsyneladende blot på, at man koncentrerer sig om at studere forskellige udsnit af virkeligheden. Humanistens arbejdsområde er det humane, særligt alle tænkelige bevidsthedsfænomener og -produkter. Naturvidenskabsmandens er alt det andet, »naturen«, alt det, der ligger uden for bevidstheden. Vi får således en god og rimelig arbejdsfordeling efter bedste Taylor'ske principper. Desværre viser en nærmere eftertanke, at denne »løsning« beror på et selvbedrag, der blot tilslører dilemmaet. For en sådan opdeling i arbejdsområder er ikke kun udtryk for en rimelig arbejdsdeling, men dækker over kvalitativt forskellige aktiviteter. Vi befinder os ikke over for et kontinuum af »virkelighed«, der arbitrært kan opdeles, som det nu er mest hensigtsmæssigt for at løse den konkrete forskningsopgave, men over for to væsensforskellige områder. I en vis forstand kunne man nok reducere naturvidenskab til humaniora, fordi den jo som videnskabelig forklaringsmodel af naturen faktisk er »humanistisk«, i den forstand at den i sig selv er et produkt af menneskelig bevidsthed. Men omvendt kan humaniora aldrig restløst opfattes som en del af naturstudiet, fordi det som uundværlig forudsætning har den menneskelige viljes mysterium, altså de menneskelige ytringers intentionalitet. Det kan aldrig borttænkes fra humanistens genstandsområde, medens det til en vis grad lader sig gøre for naturvidenskabsmanden.

Vi må således konkludere, at den humanistiske forsker alligevel ikke helt er videnskabsmand som de andre. Han er og bliver netop – humanist.

Han kan selvfølgelig arbitrært bestemme, at han vil behandle sin studiegenstand, som var den et naturfænomen, altså fastholde hypotesen, at der ingen væsensforskel er mellem naturvidenskab og humanvidenskab. I så fald får vi den kvantificerende humaniora, f.eks. den økonomiske historie, der reducerer fortidens fænomener til matematiske relationer mellem målelige størrelser. En sådan videnskab er ikke længere humanistisk i vor forstand, fordi den ikke vedrører noget menneskeligt subjekt. Medens teknologien dog arbejdede med et alment subjekt, har denne form for videnskab slet ikke noget subjekt; den er »objektiv«, som man siger.

Lige så galt går det, hvis humanisten forsøger at slippe ud af dilemmaet til den anden side, nemlig ved at fordybe sig i sin genstands uafviselige subjektivitet. Forsøget på at hævde humanioras radikale anderledeshed er ofte gjort. Inden for litteraturvidenskaben er det seneste udslag af denne tendens den såkaldte dekonstruktivisme eller forskelstænken. Resultatet bliver altid det samme: forskerens aktivitet bliver i så fald ikke til at skelne fra kunstnerens og må vurderes efter samme alen. Et meget konsekvent eksempel på denne holdning finder jeg hos den store svenske digter Lars Gyllensten, der i et privatbrev fra 1994 skriver:

> Varför bliver en människa forskare – och lägger ner hela sitt liv på sine uppgifter och kreationer? Varur kommer hängivelsen som ändå är den starkaste drivkraften hos de flesta og de bästa – hos dem som inte bara är karriärister eller trälar? Lidelse, förälskelse, ett brinnande intresse, en vurm, en hängivelse – sådant kommer knappast ur spekulation eller programmering utan ur källflöden inom en, eller utifrån – jag har nogon gång kallat det »Nåden«, i en generaliserad och sekulariserad mening. Det sakliga, som jag nu har predikat om, måste ha sina drivfjädrar i nogot icke-sackligt, tror jag. Subjektiviteten er sanningen.« (Cit. Thure Stenström, *I alma maters tjänst*. Stockholm, Atlantis 2004, p. 360)

Følgen bliver naturligvis, at humaniora ikke længere kan opfattes som en videnskabelig aktivitet, så vort dilemma får vi ikke løst på den måde.

Lad os afslutte disse overvejelser over humanioras problematiske eksistens som humanistisk videnskab med en sidste formulering af det grundlæggende dilemma. Humanistisk forskning indebærer altid et element af narcissisme og er i en vis forstand uomgængeligt tautologisk, fordi genstanden for vore studier altid også har part i vor egen subjektivitet. Kravet til humanisten er egentlig, at han skal kunne udføre samme kunststykke som baron Münchhausen, nemlig trække sig selv med hest og det hele op af sumpen ved håret. I humaniora studerer vi os selv; det er en menneskelig bevidsthed, som undersøgende betragter andre menneskelige bevidstheder, eller rettere: betragter visse sanselige ytringer som udtryk for en bevidstheds virksomhed. Vi tror på, at dette er muligt – men vi ved egentlig ikke hvordan. Hvad er det for en egenskab ved min bevidsthed, der tillader mig at træde op på et højere oplevelsestrin, som vi kalder videnskabelig erkendelse, og derfra »forstå« bevidsthedslivet (herunder mit eget) som noget fremmed? Stillet over for dette mysterium finder vi vel ikke noget bedre svar end renæssancehumanistens »fornuft«.

Humanisme som humanioras etik

Retter vi atter blikket mod spørgsmålet om humanioras formål, må det vel nu stå klart, at der ikke fra spændingsfeltet humaniora – humanisme går nogen genvej til en éntydig bestemmelse af humanioras formål. Vi har forsøgt at følge de anvisninger, der lå gemt i de tre hovedtræk, jeg indledningsvis skitserede som karakteristiske for humanismen som videnskabelig holdning, individet som udgangspunkt og endemål, videnskabelig adfærd styret af omsorg, fornuften som det mest menneskelige. Hver gang viste det sig, at gik vi linen ud, havnede vi i et uopløseligt paradoks: den humanistiske videnskabsmand kan ikke grunde sin virksomhed på noget enkelt af disse træk uden at blive fanget i en tankemæssig absurditet. På den anden side kan han heller ikke skære igennem og hævde kriteriernes manglende relevans for den videnskabelige forskning, for det ville føre til lige så uantagelige positioner. Man kan altså ikke borttænke nogen af de tre hovedtræk ved humanismen uden samtidig at ophæve humaniora som selvstændig videnskab.

Jeg sagde indledningsvis, at allerede sproget viser, at der må være en tæt forbindelse mellem humaniora og humanisme. Vi kan nu føje til, at det altså ikke blot er i sproget, at der består en dyb samhørighed mellem humanisme og humaniora. Vore overvejelser har imidlertid vist os, at humanismens betydning for humaniora ikke ligger på det egentlig filosofiske plan. Humanioras forpligtethed på humanisme handler ikke om en lære, en filosofi, men om en holdning. Vi har set, at hver gang, vi har forsøgt at udstikke en kurs for humanistisk videnskab, som afgørende strider mod et af humanismens etiske grundtræk, løber vor videnskab på grund i mystik (humaniora forstået ensidigt som tilværelsesforklaring), magtbrynde (når omsorg bliver til forsorg) eller vilkårlighed (den rene fornufts værdifrihed). Det forekommer mig derfor, at vi har lov til at drage den lære af denne konfrontation mellem humanisme og humaniora, at det, humanismen har at tilbyde humaniora i dag, er en etik, og det endda en etik, som humaniora ikke kan finde andre steder.

At udarbejde en sådan humanistisk videnskabelig etik ville selvfølgelig kræve en hel afhandling for sig. Som afslutning på mine overvejelser vil jeg blot skitsere de tre etiske principper, jeg mener, man kan aflede af de tre hovedtræk ved humanismen som videnskabelig holdning (tilværelsesforklaring, omsorg, fornuftstyring). De tre principper er muligvis banale; de burde i alt fald være selvfølgelige.

Forpligtetheden til tilværelsesforklaring

For det første skal vor forskning respektere spændingen mellem del og helhed, som vi også kunne kalde forpligtelsen til at gå fra det unikke enkeltfænomen til det almene. Selv om vi som videnskabsmænd godt ved, at sandheden er os principielt utilgængelig, må vi alligevel i vor søgen gå ud fra et pascaliansk væddemål om, at den dog findes (se i Pascals *Pensées* (ca. 1670) fragmentet om »le pari«). Det individuelle, det unikke enkeltfænomen, er nok vort udgangspunkt, men ikke vort endemål. Vor forskning skal være helhedssøgende. Vi kan ganske vist kun håbe på at frembringe partikulære sandheder, for vi kan aldrig løfte os ud af det individuelle, af vores bundethed til enkeltfænomenet og den gådefyldte subjektivitet. Alligevel bliver de partikulære erkendelser kun meningsfyldte, hvis de anskues som flige, der løftes for en større helhed.

Forpligtetheden til omsorg

For det andet må vor forskning være rettet mod vore medmennesker, den skal i en eller anden forstand være nyttig. Selv om jeg slet ikke vil afvise skellet mellem grundforskning (»fri« forskning) og anvendt forskning (»formålsbestemt«), må også den frie forskning i en dybere sammenhæng være nyttig for andre end mig selv, selv om det umiddelbare motiv for forskeren er selve den personlige erkendelsesglæde (jf. Lars Gyllensten ovenfor). Men denne må ikke sublimeres til et almengyldigt princip. Vor forskning skal tjene den enkelte anden, ikke noget dæmonisk overjeg. Humanistisk forskning sigter ikke mod visdom, men mod viden.

Forpligtetheden til fornuftstyring

Endelig skal den humanistiske forskning bygge på vor fornuft; dens resultater skal være efterprøvelige. Den frembragte viden har aldrig karakter af uantastelig doxa, men fremstår som påstande, der kan falsificeres af den frie tanke. Hermed være ikke sagt, at den fornuftstyrede forskning skal undsige andre sider af den menneskelige natur og opkaste sig selv til eneste gyldige erkendelsesprincip. Der er ikke tale om nogen guddommeliggørelse af fornuften, således som det desværre ofte blev tilfældet i kølvandet på renæssancetidens humanismetænkning. Princippet fastslår blot, at det, der gør den humanistiske forskning videnskabelig, er, at den som redskab benytter den menneskelige fornuft, og at den altid er påvirkelig af den af fornuften bårne kritik. Anders Jeffner siger det således:

»Just att vara den problematiserande rösten är en av all vetenskaps viktigsta uppgifter. Det är en grunduppgift för kulturvetenskaperna.« (*op.cit.*, p. 9).

Skulle vi gøre det meget kort, kunne vi helt enkelt resumere disse overvejelser ved at sige, at humanistisk forskning skal være oplysende, nyttig og fornuftig.

Humanister har en tendens til at skælde hinanden ud for at være ikke-videnskabelige, ubrugelige eller perspektivløse. Det har vi fået et forstemmende belæg for i polemikken mellem Joakim Garff og Peter Tudvad vedrørende Garffs bog om Kierkegaard. Peter Alberg Jensen, der er professor i slavisk litteratur ved Stockholms universitet, angriber med rette Tudvads argumentationsform: »Peter Tudvad kalder

SAK for pærevælling og dens forfatter for svindler og slår om sig med ord som videnskab og kildekritik og sandhed og etik og moral. Denne sprogbrug er meget mere bedragerisk end Garffs (af Tudvad påståede) videnskabelige gevandter og direkte farlig«, og han knytter hertil følgende kommentar: »I stedet for krig eller korstog bør humanistisk forskning være en åben samtale«. (*Information*, 9. august 2004, p. 8). Etiske principper er rettesnore for det enkelte menneske, aldrig våben til at nedgøre andre med. Alligevel vil det være frugtbart for forskningsdebatten, hvis vi tør erkende, at ingen af de formålsbestemmelser, der ligger bag disse tre negative værdidomme, perspektivløs, unyttig, uvidenskabelig, kan undværes. De tre etiske principper, som jeg her har forsøgt at opstille, forekommer mig alle at måtte være vejledende for det videnskabelige studium af mennesket, hvis det i sand forstand skal kunne kaldes humanistisk. Måske kunne man sammenfatte den etiske fordring til hver enkelt humanistisk forsker i følgende spørgsmål: Hvordan kan vi nyttiggøre den humanistiske erkendelse uden at gøre os selv til herretænkere – som socialteknokrater, mediestjerner eller universitetspaver?

Det er meget tænkeligt, at en hel del af ovenstående betragtninger også kunne have gyldighed for naturvidenskaben. I alt fald har jeg bemærket mig, at professor i geologi Roy H. Gabrielsen, der er direktør i divisionen for videnskab i det norske forskningsråd, for nylig har udtalt følgende:

»Derfor tror jeg også at det vil bli viktig med forskningsetiske diskusjoner fremover for å sikre en utstrakt bevissthet omkring fri og uavhengig forskning. Men jeg tror også det er fullt mulig å videreutvikle mekanismer som ivaretar kommersielle interesser i forskningen på en etisk forsvarlig måte.« (*Forskning*, nr. 3, årg. 12, Oslo 2004, p. 12).

BIRTHE HOFFMANN

Filologi eller formalisme
Litteraturvidenskaben mellem
Skylla og Karybdis?

Det følgende er en diskussion af forskellige veje til forståelse af litteraturen, som her i landet har været adskilt af historiske og institutionelle grunde, og som har knyttet sig til de faglige traditioner i hhv. de nationale filologier og den almene litteraturvidenskab. Efter et kort historisk rids af denne udvikling vil de generelle teoretiske overvejelser til sidst munde ud i en analyse af digtet »Wandrers Sturmlied« af Goethe.

At rejse spørgsmålet om, hvorvidt filologi og formalisme udgør to modsatrettede og derfor uforenelige veje i litteraturvidenskaben, er naturligvis en retorisk manøvre, der gør det muligt både at tydeliggøre forskellene og antyde en 'tredje vej' gennem en form for syntese. I første omgang vil jeg identificere de to forskellige tilgange til litteraturen med de to fagtraditioner, jeg har kendskab til, nemlig litteraturvidenskab og germansk filologi eller germanistik, som det hedder i Tyskland. Min karakteristik af disse bygger delvist på personlige erfaringer, da jeg som cand.phil. i litteraturvidenskab og ph.d. i germansk filologi så at sige har et ben i hver lejr. Dertil kommer erfaringer fra konferencer og diskussioner med forskere i ind- og udland og fra længerevarende forskningsophold i Tyskland og i USA, hvor jeg som 'visiting scholar' har stiftet bekendtskab med både German Studies og Comparative Literature. Fra mit arbejde i diverse faglige udvalg på tværs af sprogfagene ved Københavns Universitet har jeg desuden fået indblik i, at der selv blandt de nationale filologier hersker forskellige faglige traditioner, så jeg vil holde mig til at tale om den germanske filologi. Også inden for germanistikken og litteraturvidenskaben vil der altid være nationale og lokale forskelle, men hvis man overhovedet skal kunne sige noget generelt, må man operere med en slags 'middelnorm' for fagenes faglige praksis. Og det er min opfattelse, at filologi og formalisme den dag i dag er de dominerende idealer for normalvidenskab i hhv. germanistikken og litteraturvidenskaben med den tilføjelse, at formalismen i litteraturvidenskaben som regel er stærkt teoretisk funderet i skiftende teoridannelser. Det er de idealer, de fleste litterater i de to fagtraditioner ville bekende sig til, selvom de i praksis kan afvige herfra i større eller mindre grad.

Historisk set udspringer faget litteraturvidenskab ganske vist af filologien, men det komparative litteraturstudium måtte nødvendigvis føre til en større grad af abstraktion end nationalfilologien. Litteraturvidenskab, som i København hed Almen og sammenlignende Litteratur indtil 1967, er i sit anlæg tværnational og tenderer derfor til at betragte litteraturen løsrevet fra den særlige forbindelse mellem sprog, litteratur og kultur, som nationalfilologierne har forsøgt at etablere – med fokus på en bestemt kulturs egenart og udvikling. En stor del af den ældre komparative litteraturforskning havde sin basis i filologisk litteraturforskning, Valdemar Vedel og Paul Rubow kom f.eks. begge fra den nordiske filologi og bragte filologiske metoder med sig i bagagen. Den sammenlignende litteraturhistorie studerede litteratur som noget, der opstår af litteratur, som en dialog mellem forfattere og tekster på tværs af sproglige, kulturelle og nationale grænser. Man studerede påvirkninger, oversættelser, genremotiv-, stil- og receptionshistorie. Efter 1945 begyndte faget imidlertid at gå i en mere ahistorisk retning – det begyndte med nykritikkens opgør med biografisme og andre former for positivistisk litteraturfortolkning og fortsatte i slutningen af 60'erne med introduktionen af strukturalismen og den russiske formalisme. Da man under halvfjerdsernes marxistiske bølge lagde vægt på litterære teksters samfundsmæssige forankring, skete det ud fra en sociologisk synsvinkel, som strengt taget var ahistorisk. Også nyere psykoanalytiske tilgange og dekonstruktionens 'close reading' er overvejende ahistoriske. Med New Historicism har den historiske betragtningsmåde igen vundet indpas i litteraturvidenskaben, men på en måde, som indoptager de foregående årtiers teoretisering og politisering: Denne trend har ganske vist bidraget til en kritik af både konservative og vulgærmarxistiske historieforståelser, idet man betoner det *konstruerede* ved enhver historisk tolkning, men dens orientering mod magt- og undertrykkelsesmekanismer, konstruktionen af klasse-, køns- og raceidentiteter er blevet beskyldt for at projicere postmoderne ideologi tilbage på historien – i den forstand 'lukker' teorien lige så meget som den åbner. For åbnet har den: Med teoretiseringen fra 60'erne og frem er litteraturvidenskaben blevet grænseløs på en ny måde. Den går ikke alene på tværs af nationale grænser, men også på tværs af fakultetets faggrænser, sådan at faget – i sin egen selvforståelse – repræsenterer en slags minihumaniora eller måske ligefrem en slags metafag til humaniora. Med sin eksperimenterende tværfaglighed og sin stadig fornyende teoribevidsthed danner litteraturvidenskab i sin selvforståelse – men også set udefra – avantgarden på humaniora. De seneste år synes man dog at være blevet opmærksom på, at fagets litteratursyn også i en anden forstand er præget af en avantgardebevidsthed. F.eks. har Martin Møller i en artikel i *Kritik* peget på, at det formalistiske litteratursyn, der præger litteraturvidenskaben i dag, og som i høj grad ser bort fra tekstens historiske kontekst og forudsætninger for i stedet at fokusere på dens æstetiske side og interne netværk af betydningsstrukturer, er i overensstemmelse med avantgardens autonome og absolutte tekster (Martin Møller: »Auerbach i dag«, *Kritik*, 148). Der er altså sket det, at en afgrænset del af litteraturen – den moderne, selvreferentielle litteratur fra 1800-tallet og frem – som jo hører til på fagets genstandsside, har sat sit præg på dets metodiske side. Han peger dog også på en anden, mere prosaisk grund til formalismens indtog i litteraturvidenskaben, nemlig at man i USA og Vesteuropa i efterkrigstiden har skullet masseuddanne en ny type studerende, der ikke havde den klassiske, litterære dannelse med hjemmefra. »Hvis man har fem eller seks år til at producere en litterat, der kan mene noget om litteratur, som er væsentlig anderledes end det, såkaldt 'naive' læsere mener om litteratur, så er den fornuftigste og mest rationelle måde at gøre det på *nærlæsning* af komplicerede, romantiske eller modernistiske digte, der iscenesætter sproglige og retoriske spændinger, og som passer perfekt til at blive analyseret på de 45 minutter, der er afsat til en undervisningslektion. I denne situation er det praktisk, at digtet står alene, så man ikke behøver læse tykke bøger om periodens historie, om de litterære traditioner i tiden eller om forfatterens person.« (ibid, s. 48). Der er m.a.o. ikke tid til en egentlig historisk fordybelse, og man kunne fristes til at tilføje: Det ville også kræve sin kvinde, når man skal uddannes til at kunne 'dække' adskillige sprogområder. Det problematiske ved denne praksis består bl.a. i, at man dermed dels indsnævrer sit genstandsfelt, dels opererer med en tilgang til litteratur, som er uegnet til studiet af ældre tekster. Man kan også sige det på en anden måde: For den almene litteraturvidenskab har den arbejdsdeling inden for litteraturstudier, vi af historiske grunde også har på Københavns Universitet betydet, at litterære tekster og andre kulturelle frembringelser alt for let kunne køres igennem den sidste nye teoretiske vridemaskine uden større modstand fra det, man kunne kalde den specifikke empiri, dvs. den viden om teksters sproglige, kulturelle og historiske kontekst, som er nationalfilologiernes gebet. Det kan der nogle gange komme begavede fortolkninger og nye spændende perspektiver ud af – andre gange noget, der ikke siger noget om andet end teorien, som var udgangspunktet, eller om fortolkerens tekstanalytiske og retoriske talent. Men det er klart, at teoribevidstheden også har mange fordele, hvis den forbindes med en tilpas stor åbenhed, distance og selvrefleksion. Den giver deltagerne i samme teoretiske diskurs en fælles basis at diskutere og analysere forskellige fænomener ud fra – i modsætning til den type filolog, som ikke er synderligt interesseret i nyere teoridannelser, men til gengæld er ekspert i et bestemt forfatterskab eller en afgrænset periode: Han vil nemlig primært være interesseret i at udveksle viden med andre eksperter inden for sit specielle felt. Teori er også med til at bryde med vanetænkning og åbne nye genstandsfelter – den placerer på godt og ondt litteraturvidenskaben i sin egen tid. Litteraturfortolkningen bliver tidssvarende, den reflekterer de spørgsmål, som i øvrigt bevæger sindene på et givet tidspunkt – og litteraturvidenskaben bliver omvendt et sted, der selv bidrager teoretisk til felter som psykologi, historie, sociologi og filosofi. Derfor er litteraturvidenskaben også på mange måder lettere at sælge end filologien. En af de mere uheldige sider af denne væren *en vogue* viser sig dog, når den litteraturvidenskabelige diskurs i sig selv tilstræber en avantgardistisk formbevidsthed, som til tider kan selvstændiggøre sig fra stoffet. Med dekonstruktionen, som ophøjede kritikken og teorien til en kunstart på linje med litteraturen selv, er der kommet et nyt parameter for god tekstfortolkning i litteraturvidenskaben, nemlig om den er *interessant*. Om den kan underbygges i filologisk forstand, er derfor om muligt blevet endnu mere ligegyldigt. For filologi er ud fra den betragtning *kedelig*, hvis den ikke ligefrem er autoritær og traditionsbevarende med sine forsøg på at begrænse læserens udfoldelser.

Det er en af fordelene ved arbejdsdelingen mellem litteraturvidenskaben og nationalfilologierne, at man kan bruge den anden til at profilere sig selv og skabe sig en stabil identitet. En af de for begge parter mere uheldige konsekvenser er, at man kan udgrænse det, som den anden part tager sig af. Som litterat kan man konsultere en historisk-kritisk værkudgave af den forfatter, man beskæftiger sig med, men man behøver ikke. Som germanist kan man reflektere teoretisk over det man laver, men man behøver ikke. Hvad der er en dyd det ene sted, kan være et skældsord det andet – samtidig resterer der i begge lejre en dunkel fornemmelse af, at der er noget, af det, de kan derovre, som man burde vide noget mere om. Ikke desto mindre har man eksisteret relativt upåvirket af hinandens videnskabelige praksis og har derved undladt at tage den udfordring op, der ligger i at konfrontere de forskellige typer af tilgange til litteraturen med hinanden.

Men hvad vil det sige at have en filologisk tilgang til litteraturen? At hævde at germanistikken i dag stadig i sit udgangspunkt er filologisk, kræver nok en uddybende kommentar. Det er jo de færreste, der bedriver egentlig filologisk arbejde i form af tekstedition, om end der ikke kan herske nogen tvivl om, at de, der gør det, er højt estimerede. Filologen i denne snævre forstand tolker ikke, han kommenterer. Blandt de øvrige kommer det filologiske videnskabsideal mere indirekte til udtryk: Det er et uudtalt kriterium i germanistisk forskning, at man for at forstå et litterært værk skal have et usædvanligt godt kendskab til tiden, forfatterens øvrige værk og ydre liv samt de tekster, han måtte have studeret. Der er derfor en tendens til, at man i løbet af et liv som forsker specialiserer sig i to, højst tre forfatterskaber. Denne præmis hænger sammen med hermeneutikkens og historismens særlige status i Tyskland, da de mest indflydelsesrige tænkere inden for den moderne hermeneutik og historiske bevidsthed stammer herfra – tænk på traditionen fra Herder over Ranke til Meinecke og hermeneutikkens udvikling fra Schleiermacher til Gadamer. Historismen og den moderne hermeneutik, som er to sider af samme sag, opstår nogenlunde samtidig med grundlæggelsen af de filologiske videnskaber omkring 1800. De er fælles om ét projekt, nemlig at skabe de bedst mulige forudsætninger for forståelse, kulturelt, sprogligt og historisk. Således er også germanistikken i sit anlæg en slags minihumaniora, men på en ganske anden måde end litteraturvidenskaben. Og det er selvfølgelig op til den enkelte litteraturfortolker, i hvor høj grad han vil integrere både sproglige, historiske og kulturelle aspekter i sin analyse.

En sådan grundighed og belæsthed rummer mulighed for både gode og dårlige tekstfortolkninger, hvilket selvfølgelig også afhænger af, hvilke kriterier for god tekstfortolkning man opererer med. Hermeneutikken er, bl.a. af ideologikritikken, blevet beskyldt for at være ukritisk, at mangle distance til stoffet og dermed være med til at reproducere tekstens/ forfatterens ideologi. Den forståelse, der tilstræbes, er ikke et subjekt-objekt-forhold, men en formidling af læserens og tekstens hhv. forfatterens horisont. På den anden side kan man argumentere for, at det dybere kendskab til tekstens sproglige og historiske egenart lader teksten fremstå i sin fremmedhed – en fremmedhed, der netop er en forudsætning for, at fortolkeren kan få åbnet og udvidet sin horisont, og som beskytter teksten mod at blive 'opslugt' af nutidige, ahistoriske fortolkningsmodeller. Dertil kan man indvende, at fraværet af en teori, som ekspliciterer fortolkerens erkendelsesinteresse og perspektiv, ikke garanterer en større objektivitet, men blot lader fortolkerens fordomme være uerkendte. Nu er det læsende subjekts horisont imidlertid nok mere åben end en konsistent litteraturteori, som bruges som model i læsningen, og den teoriabstinente filolog står derfor i mindre grad over for det problem, at fortolkningsmulighederne lukkes af teorien. Men også filologien lukker, om end på en anden måde. God filologi lukker med sin konkrete viden om sprog og andre tekster i den pågældende teksts nærmeste kontekst for deciderede fejllæsninger – men spørgsmålet er, om den også lukker af i mere negativ forstand? Dette spørgsmål kan med fordel diskuteres ud fra et konkret eksempel, som også kan tjene til at belyse det overordnede spørgsmål om fordele og ulemper ved en formalistisk hhv. filologisk tilgang til litterære tekster generelt.

Goethes store hymne »Wandrers Sturmlied« fra 1772 er en tekst, der med sin pindariserende stil og eksplicitte henvisninger til antik mytologi og litteratur i høj grad kalder på filologisk viden: Uden kendskab til eksempelvis Pindar og dennes placering i geniæstetikken giver digtet næppe mening. At denne tekst regnes for særlig svær, skyldes både dens meget springende, elliptiske karakter, som skaber en høj grad af ubestemthed – og de mange lag af henvisninger til andre tekster. De filologiske bestræbelser på at udlægge denne tekst har dog særligt koncentreret sig om optrævlingen af de mange intertekstuelle henvisninger, og takket være de mange studier og den imponerende belæsthed hos fortolkerne viser det sig, at digtet forholder sig til mange traditioner samtidig. Digtets billed-, ord- og forestillingsmateriale kan således føres tilbage til både litterære, mytologiske, bibelske, pietistiske og hermetiske tekster og traditioner. Denne sideordning af intertekstuelle referencer bliver dog langtfra bemærket eller accepteret af alle. Der er hos en gruppe af fortolkere en tendens til ikke bare filologisk at underbygge, at udvalgte elementer refererer til bestemte tekster eller traditioner, men også at ville gøre det, som netop han har gravet frem, f.eks. referencer til det 18. århundredes hermetiske tradition, til den egentlige nøgle til teksten som helhed. Dette vil være min første indvending mod den rent filologiske tilgang til teksten: At man er for bundet til, at man stirrer sig blind på enkelte referencer, hvormed man søger at stabilisere enkelte tekstelementers og i sidste ende hele tekstens betydning – og derved taber selve teksten af syne. Man beskæftiger sig med andre ord i for ringe grad med spørgsmålet om, hvordan disse mange referencer – som man med et begreb fra Wolfgang Iser kunne kalde tekstens repertoire – omfunktionaliseres i tekstens helhedsstruktur og derved åbnes for nye betydninger. For forholdet mellem tekstelementerne indbyrdes kan jo netop opløse den bestemte betydning af det enkelte tekstelement, som man har forsøgt at bestemme. Det svære består altså ikke bare i bestemmelsen af tekstens kontekstuelle elementer, altså den eksterne reference, men også i at etablere en intern kohærens i teksten, hvad der altså også har konsekvenser for de enkelte elementers reference.

Titlen »Wandrers Sturmlied« antyder, at det, der skaber sammenhæng i teksten, er en vandring – men i hvilken forstand? Nogle fortolkere tager her udgangspunkt i Goethes egen retrospektive selvstilisering i *Dichtung und Wahrheit*, hvor han henfører digtet til en personlig erfaring af en vandring som ungt menneske: »Ich sang diesen Halbunsinn leidenschaftlich vor mich hin, da mich ein schreckliches Wetter unterwegs traf, dem ich entgegen gehn mußte« (Johann Wolfgang v. Goethe, *Werke. Hamburger Ausgabe in 14 Bänden*, udg. af Erich Trunz, München 1998, IX, 521). Men filologens kendskab til den selvbiografiske del af værket kan gøre ham blind for, hvordan teksten egentlig er skruet sammen, for nærlæser man digtet, er det ikke muligt at etablere en tidslig og rumlig kontinuitet, som kunne gøre jeg'ets udsagn til skildringen af en konkret vandring, som så ophøjes til et sindbillede på geniets skaben. Det er ikke, fordi man som nykritikerne skal bandlyse biografisk materiale; problemet opstår, når man forsimpler tekstens betydningspotentiale ved at henføre tekstens begivenhed til en bestemt begivenhed i forfatterens liv.

I stedet kunne man nærme sig digtet ved at inddrage det komplicerede, venskabelige forhold til den fem år ældre Herder, som Goethe mødte i Straßbourg i 1770. Af korrespondancen mellem Goethe og Herder fremgår det, at Goethe var stærkt optaget af Pindar og geniæstetikken, som Herder havde introduceret ham til. Det fremgår også, at Goethe over for Herder befinder sig i en slags *double bind*, idet Herder på den ene side beundrer Pindar pga. hans ekspressivitet og ubændighed, på den anden side sårer Goethe med, at *han* kun kan digte med hovedet og dermed indirekte siger, at Pindars entusiasme for Goethe er et uopnåeligt ideal. En lignende advarsel, ja nærmest forbud mod at efterligne Pindar opstiller Herder i sin odeteori (1765) og sine fragmenter om nyere tysk litteratur fra 1767/68 over for tyskerne generelt, idet han anser den pindarske entusiasme (som er digtningens urkraft og oprindelige væsen) for væsensfremmed for de kølige og gammelmodige nordboere, hvis gebet snarer er refleksionen og æstetikken.

Set i dette lys fremstår digtet dels som Goethes forsøg på at byde Herders hårde dom trods ved at skrive en hymne i traditionen fra Pindar og dermed at efterligne den kunstfærdige umiddelbarhed, som er geniæstetikkens ideal, dels som en digterisk refleksion over den apori, som tyskerne befinder sig i ved midten af det 18. århundrede. Denne apori består i, at man efterstræber en form for genfødsel af den tyske kultur ved at vende tilbage til det oprindelige og naturlige, befriet fra den franske hofkulturs kunstighed, i bevidstheden om den enorme historiske og kulturelle afstand til dette oprindelige og det paradoks, der ligger i, at vejen til den tilstræbte naturlighed går via lærdom og belæsthed. For Goethes digt er alt andet end et naivt forsøg på at komme på højde med Pindar. Det er ganske vist et udtryk for digterisk selvkonstruktion, når Goethe med allusionerne til Pindar og Horats sætter sig ind i en flere tusind år gammel tradition for digterisk selvstilisering og kappestrid, men digtet pendler mellem megalomani og skuffelse og medreflekterer derfor – selvironisk – den apori, som det historisk situerede jeg befinder sig i.

Digtet iscenesætter refleksioner over digtningens mulighedsbetingelser og forskellige modeller for kunstnerisk kreativitet som oplevelser, jeg'et som skabende subjekt er udsat for. Rummet, jeg'et bevæger sig i og beskriver, er et dels mytologisk, dels litterært rum, og bevægelserne i dette rum, springene fra den ene situation til den anden, synes at være motiveret af tankens og følelsernes vej og fremviser kun som sådan en vis kohærens. »Ulmenbaum« og »Pappelwald« er sætstykker i Anakreons og Theokrits og deres efterligneres digtning og fremkalder i læserens bevidsthed forestillingen om et »landskab«, som snarere er bygget op af tidslige og kvalitative end egentlige rumlige koordinater. Den kunstneriske kreativitet tematiseres gennemgående i form af jeg'ets position i forhold til elementerne – i stadigt skiftende kombinationer. I digtets forløb alluderes snart til den antikke myte om Deukalion, som den beskrives i Ovids *Metamorfoser*, hvor 'uhyret' i den udifferentierede materie efter syndfloden overvindes og transformeres af det apollinske princip, snart til Bibelens skabelsesberetning, hvor ånden svæver over vandene. Alene denne sideordning og jeg'ets brug af Helligånden som et billede på kunstnerisk skabelse er en frækhed, der åbner tekstens betydningspotentiale. Denne åbenhed muliggøres ikke mindst af den abstrakthed, som kendetegner de elementer og bevægelser, som konstituerer forløbet i digt. Rumkoordinaterne oppe og nede, indenfor og udenfor, linearitet over for kredsløb er multifunktionelle ligesom de 'energetiske' poler varme og kulde, svaghed og kraft, bevægelse og ro, som i stadigt nye kombinationer er forbundet med de fire elementer – de optræder såvel i de kristne som i de hermetiske og antikke kosmogonier og er netop i deres abstrakthed en forudsætning for, at Goethe kan citere forskellige traditioner samtidig og transcendere dem i sin nye forståelse af kreativitet og subjektivitet.

I digtets begyndelse fremstilles det skabende subjekt som heteronomt, dets evne til at transformere sin udsathed i elementernes rasen til sang er afhængigt af, at det ikke forlades af sin 'genius', som både kan ses som en ydre og en indre kraft. Herfra kan man iagttage en stigning i beskrivelsen af det skabende subjekt hen mod en større autonomi, i forestillingen om jeg'et som et glødende centrum, der tiltrækker muserne – indtil der pludselig indtræder en krise i denne forestilling, i mødet med bonden, der lever i et forudsigeligt, men produktivt og trygt kredsløb med naturen. Forestillingen om ren autonomi holder ikke og afløses i lovprisningen af regnguden Jupiter Pluvius af en anden model for kreativitet, som har form som en chiasme, hvor jeg'et både rives med og opsluges af vandelementet og samtidig er det medium, der fører strømmen – i oden. Her er jeg'et både passivt og aktivt, subjekt og objekt i den skabende proces. Den kastaliske kilde, som traditionelt er den apollinske kilde til kunstnerisk inspiration, degraderes til en harmløs lille »Nebenbach«, og i de følgende to strofer forkastes digtningen i traditionen fra Anakreon og Theokrit til fordel for den sublime Pindar. I den sidste strofe føres digtets gennemgående motiver sammen, i billedet af et væddeløb, der samtidig er et møde mellem de fire elementer. Billedet af vognstyreren er både genstand for Pindars digtning *og* et billede på digteren selv, der midt i elementernes rasen behersker alle indre og ydre kræfter, digtningens objekt og subjekt, hvis sjæl gløder uvejret i møde i en strømmende cirkelbevægelse. Digteren bliver dermed sat midt ind i det hændelsesforløb, han skal skildre, han deltager med krop og sjæl i den kreative proces – og det svarer netop til idealet i Goethes korrespondance med Herder. Efter at have nået dette højdepunkt i sine tankers vandring falder jeg'et dog sammen i modløshed til sidst og vender fra den geniale udsathed tilbage til sin »hytte« – et billede på menneskelige behov og begrænsninger. På ét plan synes jeg'ets vandring og higen efter berømmelsens tinder altså at ende med nederlag. I 'performativ' henseende, som effektfuld 'dramatisering' af refleksioner over digtningens mulighedsbetingelser og farer, fremstår digtet til gengæld som et reelt forsøg på at leve op til geniæstetikkens idealer.

Dette er selvfølgelig en stærkt forkortet og noget stakåndet gennemgang af digtet, som både udelader mange intertekstuelle henvisninger og interne strukturer i teksten. Men det er forhåbentlig blevet tydeligt, at jeg i min fortolkning har bestræbt mig på at forene filologiske indsigter i digtets mange allusioner med en nærlæsning af digtet som tekst, der iscenesætter modsætninger mellem abstrakte kategorier – og overvinder dem. Det er her, i krydsfeltet mellem tekstens mange 'repertoireelementer' og tekststrukturen, at tekstens betydningspotentiale ligger. Den filologiske henvisning til tekstens allusioner alene formår ikke at begribe teksten som en på dette tidspunkt helt ny type litteratur, på tærskelen til en større autonomi, der ikke længere lader tekstens betydning være garanteret af de traditioner, den citerer. Den rent formalistiske tilgang på den anden side kan ikke stille meget op med denne tekst uden et kendskab til de mangfoldige filologiske indsigter, herunder et kendskab til forfatterens personlige bekendtskab med Herder. Og som en afsluttende tese vil jeg påstå, at netop kombinationen af disse to tilgange til teksten kan være med til at sikre en vis kritisk distance i den hermeneutiske proces – forstået på den måde, at teksten bliver til et åbent, mangetydigt felt, hvor traditioner, ideologier og forfatterens identitet, alt hvad filologen måtte støve op – sættes i spil for samtidig at blive transcenderet.

Note: Denne fortolkning er udfoldet i Birthe Hoffmann: »Strahl und Strom – 'Wandrers Sturmlied' als dramatisierte Reflexion von Subjektivität und künstlerischer Kreativität«, *Deutsche Vierteljahrsschrift für Literaturwissenschaft und Geistesgeschichte* 2004, Heft 2, s. 229-260.

Wandrers Sturmlied

Wen du nicht verlässest, Genius,
Nicht der Regen, nicht der Sturm
Haucht ihm Schauer übers Herz.
Wen du nicht verlässest, Genius,
5 Wird dem Regengewölk,
Wird dem Schlossensturm
Entgegen singen,
Wie die Lerche,
Du da droben.

10 Den du nicht verlässest, Genius,
Wirst ihn heben über'n Schlammpfad
Mit den Feuerflügeln;
Wandeln wird er,
Wie mit Blumenfüßen,
15 Über Deukalions Flutschlamm,
Python tötend, leicht, groß
Pythius Apollo.

Den du nicht verlässest, Genius,
Wirst die wollnen Flügel unterspreiten,
20 Wenn er auf dem Felsen schläft,
Wirst mit Hüterfittigen ihn decken
In des Haines Mitternacht.

Wen du nicht verlässest, Genius,
Wirst im Schneegestöber
25 Wärmumhüllen;
Nach der Wärme ziehn sich Musen
Nach der Wärme Charitinnen.

Umschwebt mich, ihr Musen!
Ihr Charitinnen!
30 Das ist Wasser, das ist Erde
Und der Sohn des Wassers und der Erde,
Über den ich wandle
Göttergleich.

Ihr seid rein, wie das Herz der Wasser,
35 Ihr seid rein, wie das Mark der Erde,
Ihr umschwebt mich und ich schwebe
Über Wasser, über Erde,
Göttergleich.

Soll der zurückkehren,
40 Der kleine, schwarze, feurige Bauer?
Soll der zurückkehren, erwartend
Nur deine Gaben, Vater Bromius,
Und helleuchtend umwärmend Feuer?
Der kehren mutig?
45 Und ich, den ihr begleitet,
Musen und Charitinnen alle,
Den alles erwartet, was ihr,
Musen und Charitinnen,
Umkränzende Seligkeit
50 Rings um's Leben verherrlicht habt,
Soll mutlos kehren?

Vater Bromius!
Du bist Genius,
Jahrhunderts Genius,
55 Bist, was innre Glut
Pindarn war,
Was der Welt
Phöbus Apoll ist.

Weh! Weh! Innre Wärme,
60 Seelenwärme,
Mittelpunkt!
Glüh' entgegen,
Phöb'-Apollen;
Kalt wird sonst
65 Sein Fürstenblick
Über dich vorübergleiten,
Neidgetroffen
Auf der Zeder Kraft verweilen,
Die zu grünen
70 Sein nicht harrt.

Warum nennt mein Lied dich zuletzt?
Dich, von dem es begann,
Dich, in dem es endet,
Dich, aus dem es quillt,
75 Jupiter Pluvius!
Dich, dich strömt mein Lied,
Und kastalischer Quell
Rinnt ein Nebenbach,
Rinnet müßigen
80 Sterblich Glücklichen
Abseits von dir,
Der du mich fassend deckst,
Jupiter Pluvius!
Nicht am Ulmenbaum
85 Hast du ihn besucht,
Mit dem Taubenpaar
In dem zärtlichen Arm,
Mit der freundlichen Ros' umkränzt,
Tändlenden ihn, blumenglücklichen
90 Anakreon,
Sturmatmende Gottheit!

Nicht im Pappelwald,
An des Sibaris Strand,
An des Gebirgs
95 Sonnebeglänzter Stirn nicht
Faßtest du ihn,
Den Blumen-singenden
Honig-lallenden
Freundlich winkenden
100 Theokrit.

Wenn die Räder rasselten
Rad an Rad, rasch um's Ziel weg,
Hoch flog
Siegdurchglühter
105 Jünglinge Peitschenknall,
Und sich Staub wälzt'
Wie vom Gebirg' herab
Kieselwetter ins Tal;
Glühte deine Seel' Gefahren, Pindar!
110 Mut. – Glühte? –
Armes Herz!
Dort auf dem Hügel,
Himmlische Macht!
Nur so viel Glut,
115 Dort meine Hütte,
Dorthin zu waten!

(Dette er den sene version, som udkom i samlingen af digte i 1815-udgaven af Goethes værker). Findes bl.a. i Karl Eibl: *Johann Wolfgang Goethe. Sämtliche Werke, Briefe, Tagebücher und Gespräche*, Bd. 2. Deutscher Klassiker-Verlag: 1987, s. 292-295.

Patrick Kragelund

Abildgaard – filolog eller maler?

Måske har det undret nogen, at der i dagens vidtfavnende, men dog stramme program også er blevet plads til et indlæg om en maler. Bevares, Abildgaard er ikke hvem som helst, men faktisk den eneste danske 1700-tals kunstner, som har en veletableret plads i den internationale diskussion af 1700-tallets europæiske kunst. Der var mange bøger og mange litterære motiver i malerens liv og kunst. Men ingen af delene synes i sig selv nok til også at give ham plads i et program, der sætter fokus på filologiens historie, muligheder og opgaver.

Det kan imidlertid hævdes, at der i 18- og 1900-tallet udviklede sig en kunsthistorisk tolkningstradition, der gjorde Abildgaard og hans livsværk til en påtrængende filologisk opgave.

Derfor først (stikordsagtigt) om tolkningstraditionen og de problemer, som den deraf følgende håndtering af data om maleren har afstedkommet.

Traditionen går – er det ofte blevet hævdet – tilbage til Oehlenschläger, i hvis erindringer spørgsmålet blev rejst, om Abildgaard måske snarere var en »stor Philolog« end en maler (heraf titlen på dette bidrag).[1] Når nu en så toneangivende samtidig selv sagde det, kunne enhver vel se, at der måtte være noget om det. Så vidt kritikeren Carl Petersen i 1916. Og mange andre siden ham.

Nu er en af de filologiske dyder jo selvsynet eller autopsien. Slår man efter hos Oehlenschläger, ser man hurtigt, at dette er et af den slags citater, som siger mere om eftertidens holdning end om teksten, der citeres. Hos Oehlenschläger er den store filolog ikke Abildgaard, men selveste Thorvaldsen, mens Abildgaard tilskrives rollen som den strenge rektor, der i læreårene indterpede grammatikken med det unge geni. Der var altså engang, da man kunne kalde den næsegrus beundrede Thorvaldsen en stor filolog – og mene det positivt! Siden Oehlenschlägers dage er det tydeligvis gået ned ad bakke med filologiens omdømme.

Vender vi os nu til at betragte, hvordan traditionen om Abildgaard som en filolog snarere end en maler har udviklet sig fra 1850'erne og frem, kan der med fordel fokuseres på tre københavnske universitetsprofessorer: Adam Oehlenschläger, som forenede digterhvervet med et professorat i æstetik, N.L. Høyen, der i 1856 ansattes på Københavns Universitet ved det nyoprettede fagområde kunsthistorie, og Julius Lange, som i 1871 efterfulgte Høyen på lærestolen i kunsthistorie.

Dette er en trio, der har haft stor indflydelse på den udvikling af synet på Abildgaard, som her er af interesse. En udvikling, der altså i sin yderste konsekvens gjorde Abildgaard til en »stor Philolog« snarere end en maler.

Først Oehlenschläger, hvis digtsamling *Frederiksberg* fra 1817 er formet som en vandring gennem slottets malerigalleri – med det enkelte digt som en reflekterende ekfrasis eller billedbeskrivelse.[2] Da Oehlenschläger på sin vandring kommer til Abildgaard, erklærer han fyndigt:

Abildgaard taler
steds, naar han maler.

og placerer dermed maleren i den klassiske *ut pictura poesis*-tradition.

»Et digt er som et billede«. Horats har med disse ord fra *Digtekunsten* leveret, hvad der blev et af æstetikkens mest livskraftige slogans. Selv byggede Horats på en allerede århundredgammel tradition. Et halvt årtusind tidligere havde den græske digter Simonides karakteriseret billedkunsten som stum poesi og poesien som et talende billede, en karakteristik, der sammen med Aristoteles' udsagn om sammenhængen mellem kunstarterne har været fundamental for europæisk æstetik.[3]

Tilordningen af Abildgaard til denne tradition er – så at sige – den positive side af den medalje, der i århundredets slutning gør ham til en stor filolog snarere end en maler.

N. Abildgaard, *Hamlet ser sin faders genfærd*. Olie på lærred. 50,5 x 64. Ikke signeret. Cirka 1778. Statens Museum for Kunst. Fotografi: Danmarks Kunstbibliotek.

E. Pauelsen, *Sarpfossen i Norge*. Olie på lærred. 63,5 x 79. Signeret »E. Pauelsen pinx. 1789«. Statens Museum for Kunst. Fotografi: Danmarks Kunstbibliotek.

Men Oehlenschläger har mere – og vel at mærke indsigtsfuldt – at sige om Abildgaards æstetiske ståsted. I salene på Frederiksberg Slot arrangerer digteren nemlig en – sikkert frit opfundet – ophængning, der viser dyb forståelse for en anden side af Abildgaard.

Det sker ved at koble to tilsyneladende urelaterede malerier, Abildgaards af den såkaldte »Closet Scene« i Shakespeares *Hamlet* (dér hvor faderens genfærd griber ind i skænderiet mellem Hamlet og hans mor) med den unge landskabsmaler Erik Paulsens genistreg, den brusende Sarpfoss i Norges vilde natur.

Digtet fremmaner først Sarpfossens vældige vandfald – og vender sig derpå emfatisk (»Hist...«) til Abildgaard, hvis kunst prægnant tilordnes en af de store retninger i 1700-tallets æstetik:

> Evig i Skummet her Klippen sig bader,
> Sarpen nedbruser i Afgrunden brat.
> Hist aabenbarer i dæmrende Nat
> mørk sig for Helten den myrdede Fader.

Hvad der »her« og »hist« karakteriseres er to – i den irske 1700-tals teoretiker Edmund Burkes forstand – sublime mesterstykker. Hos Paulsen synes det brusende vandfald, der indhyller alt i elementernes rasen, næsten at opsluge de små skikkelser på randen af fossens svimlende afgrund, hos Abildgaard rykker synet af den myrdedes genfærd bogstavelig talt benene væk under Hamlet. Koblingen af det psykologisk og fysisk rystende, ved synet af naturens og det overnaturliges rystende magt, viser, at Oehlenschläger relaterer de to værker til de ideer om *the sublime and beautiful*, som Burke havde introduceret i 1756. Hos Burke såvel som hos de to malere, går vejen til det sublime ikke gennem guddommelig proportion og harmonisk linieføring – men gennem en stil, komposition og heftig penselføring, der fastholder indtrykket af kropslig affekt og naturkræfters rasen.

Synsvinklen fastholdes i digtets følgende linier med karakteristikken af Abildgaard. Her høres der atter om vældige naturkræfter, om Nordens tåge og mørke, om slotsbrandens »heftige Luer« og ilden i Abildgaards bryst.

> Abildgaard taler
> steds, naar han maler.
> Mørk var hans Siæl, men høitidelig stor.
> Skiønte du paa ham, du taagede Nord?

Ild var hans Aand; hvad hans Pensel forærte,
atter de heftige Luer fortærte.[4]

Så vidt Oehlenschläger, hvis karakteristik på begge punkter, såvel med hensyn til *ut pictura poesis* traditionen som til ideerne om det sublime, rammer lige i plet.

Næste fase repræsenteres prægnant af N.L. Høyen, med hvis ansættelse i 1856 ved Københavns Universitet kunsthistorien oprettedes som fagområde i Danmark. Det ville føre for vidt at komme ind på Høyens stadig meget mærkbare betydning for fagets selvforståelse. Hvad der i denne sammenhæng er væsentligt, er de problemer, som hans stærkt normative æstetik uundgåeligt måtte have med en skikkelse som Abildgaard. I Høyens på mange måder grundlæggende forelæsninger om dansk kunst fra 1850'erne vedgås det, igen og igen, at Abildgaard var 1700-tallets store danske maler – men indrømmelsen er hver gang afsæt for en principiel afvisning. Kernebegreber er (for nu at koge det ned til det essentielle) ægte, dansk følelse modsat »tom Allegori« og uforståelig lærdom, som »skulde ... frem«. Mens Juel var »beaandet af sin fædrende Luft«, var Abildgaard (for nu at citere den sætning, der blev hængende) »en begavet og aandrig Mand, som invita Minerva søgte at blive Konstner«.[5] Det latinske *invita Minerva* (: »uden egentlige anlæg for det kunstneriske«) er et skjult citat fra Horats' *Digtekunst*. Men modsat Oehlenschläger bruges den gamle – i 1850'erne håbløst uaktuelle – autoritet her til at sende Abildgaard ud i de regelbundne, stivbenede og uinspirerede kunstneres limbo. Og om det sublime og *pictura poesis* traditionen ikke et ord.

Få år efter Høyens død formulerer hans efterfølger som professor, Julius Lange, en art kompromis mellem disse ekstreme synspunkter. Et kompromis, som i kraft af sin mere åbne og forsonlige holdning fik gyldighed langt op i 1900-tallet. Ikke kun var Lange langt mere positiv over for kunstneren og langt mere velinformeret om Abildgaards sublime samtidige (såsom Füssli og William Blake), men Lange vidste også noget om den politiske Abildgaard, om kunstnerens ambition om at give kunsten »en Stemme« i debatten om de store spørgsmål, der bevægede samtiden.

Vi skriver 1873, så henvisningen til en kunst, der ønsker at bidrage til debatten om de store spørgsmål, der bevægede samtiden, har sin tydelige parallel i den litterære æstetik, der med de såkaldte hovedstrømnings forelæsninger i 1871 var blevet lanceret af Langes ven Georg Brandes. Men Lange var ingen udelt tilhænger af Brandes' projekt – og han kommer da heller ikke nøjere ind på, hvad der var Abildgaards holdning til f.eks. 1780'ernes store spørgsmål. Derimod flytter han – med vidtrækkende effekt – diskussionen over i det principielle. Er dette overhovedet noget, billedkunsten kan? Endsige skal? Lange spørger sig selv, om ikke kunsten ved at bidrage til debatten om de store spørgsmål, der bevægede samtiden, måtte lide »Skade paa sin æsthetiske Uskyldighed«? For idet Abildgaard gjorde kunsten »mere filosofisk og pædagogisk end dens Natur tillod (erstattede han) den umiddelbare Følelse ved spidsfindig udspekulerede Hentydninger...«.[6]

Langes forslag om at vogte strengt ved »grænsen mellem maleri og poesi« (for nu at citere undertitlen på hans inspirationskilde, Lessings indflydelsesrige æstetiske traktat *Laokoon* fra 1766) åbnede – forbløffende nok – op for en revurdering af Abildgaard. At det netop havde været malerens ambition at udviske grænsen mellem maleri og poesi var selvfølgelig klart. Men som det – engang i 1960'erne – med et lettelsens suk – blev formuleret: »De små grå billeder er fulde af betydning, men det forstyrrer ikke det æstetiske«.[7] Strømninger med fokus først på »den store stil« (Vilhelm

Wanscher og siden Leo Swane) og siden på det impressionistiske og »rent maleriske« kunne med dette carte blanche til at se bort fra det digteriske og filosofiske uforstyrret arbejde videre. I diskussionen gik man sjældent bagom Høyen – for før ham var der jo ingen »rigtig« kunsthistorie. Identifikationen af enkelt motiver og dateringen af de enkelte værker skete således uden selv den mest elementære skelnen mellem tidlige og sene vidnesbyrd. Udgangspunktet var jævnt hen den »vom Hören sagen«-tradition, som Høyen knæsatte i 1850'erne. Og denne tradition var ofte så stærk, at den så at sige tog magten fra billedlæsningen. Selv den kunsthistoriske forskning forlader sig ind imellem mindre på et billedes udsagn end på udsagn om det. Selv om f.eks. Abildgaards *Sokrates* ikke – som man siden 1850'erne har hævdet – er »i

J.F. Clemens (efter et maleri af Abildgaard), *Sokrates og hans dæmon*. Kobberstik i folio. 1786. Fotografi: Danmarks Kunstbibliotek.

Fængslet«, var det denne normaliserende, men misforståede titel, snarere end billedet selv, der fik lov at styre fortolkningen. Visuelt er der ganske vist ikke det mindste, der støtter ideen om fængslet. Men titlen alene var stærk nok til at danne afsæt for helt anakronistiske og banale ideer om den fængsledes (og malerens) ensomhed.

Eksemplerne på denne sproglige styring og forvanskning af billedlæsningen er om ikke *legio*, så dog påfaldende mange. Både i omtalen af Abildgaards nationalhistoriske og mytologiske arbejder indsneg der sig med tiden forvanskede navne, upræcise dateringer og forkerte årstal, som stillede sig i vejen for en dybere forståelse af den filosofiske malers œuvre. Billedserier, der klart hørte sammen, blev splittet op eller deres rækkefølge forkludret. Motiver blev banaliseret, og det samme blev tolkningen af malerens liv. Næsten alle spor af hans kritiske holdning til kirke og kongemagt og dens dybtgående indvirkning på hans œuvre og karriere var efter Høyen og Lange totalt bortretoucheret.

Med udgangspunkt i hele dette morads af ukritisk gentagne fejlinformationer kan det ikke undre, at det trods behjertede forsøg var svært at se nogen indre sammenhæng og udvikling i dette œuvre. Trods stærk udenlandsk interesse for »kunsten omkring år 1800« (således titlen på en række internationalt banebrydende udstillinger arrangeret i 1970'erne på Hamborgs Kunsthalle af den tyske kunsthistoriker Werner Hofmann) var litteraturen om Abildgaards œuvre for konturløs og oplysningerne for upålidelige til at Abildgaard kunne figurere som andet end en fodnote. Her var, som man på det givne grundlag måtte konkludere, intet spor af den konsekvens, hvormed f.eks. Runge og Blake integrerede »deres forskellige litterære motiver i en personlig, altomfattende og sammenhængende mytologisk ikonografi«.

97

Noget sådant – er det blevet hævdet – »kunne og ønskede Abildgaard ikke«.[8]

Fra 1970'erne og frem begyndte en lang række enkeltstudier at rokke ved denne helhedsopfattelse. Fælles for denne nyorientering var dens rødder i den stærkt filologisk funderede Warburg-tradition, der med forkærlighed netop fokuserer på sammenhængen mellem *pictura og poesis*.[9] Enkeltstudierne suppleredes i 1980'erne af en række mere tematisk orienterede studier, heriblandt flere af nærværende forfatter.[10]

Herigennem tog en, som det synes, fuldstændig revurdering af Abildgaard sin begyndelse. Hvad der med stadig større tydelighed aftegnede sig, var billedet af en kunstner, som var centralt placeret i de opgør og omvæltninger, der rystede europæisk kunst omkring 1800 – en kunstner, der med rødder i den gamle verden stod på tærsklen til den gryende modernitet. I arbejdet med at udbygge og undersøge rækkevidden af dette nye helhedsbillede var det på en lang række områder nødvendigt at inddrage et bredt udsnit af de klassiske filologisk-historiske metoder. Og i takt med at billedtolkningen kunne afdække et langt mere komplekst œuvre end hidtil antaget, blev det nødvendigt at inddrage nyt og supplerende biografisk baggrundsmateriale. Hvad var baggrunden for disse genopdagede eller hidtil ignorerede udsmykninger og malerier? Hvem havde bestilt dem? Og hvilken plads havde de i malerens eget œuvre? Af samtidige breve og anmeldelser er antallet begrænset og deres informationer langt fra fyldestgørende; og selvom det er lykkedes at opstøve andre, hidtil oversete kilder, viste det egentlige gennembrud sig at være inddragelsen af oplysningerne i og om malerens delvist bevarede bibliotek. Bibliotekets betydning for Abildgaard var ganske vist ikke noget nyt. I en – i øvrigt hidtil overset – samtidig nøgleroman forlyder det om Abildgaards arbejdsmetode: »Uden at have nydt nogen lærd Opdragelse havde han (: Abildgaard) dog forskaffet sig saa megen Kundskab i de døde og levende Sprog, og et saa udbredt Bekjendtskab med alle de Skrifter, der sloge ind i hans Fag, at han med Grund kunde kaldes en studeret Konstner. Hans Bogsamling, hans Myntcabinet, hans Malerie- og Kobbersamling vare ikke i hans Hænder, hvad saadanne Gjenstande saa ofte pleie at være: Forfængelighedens Prunkesahl, men han benyttede det som en klog Gartner sin Frugthauge ...«.[11]

Gennem en filologisk-historisk tilgang til de bevarede håndskrevne kilder er det på den ene side lykkedes at rekonstruere hovedetaperne i samlingens tilblivelse og på den anden at relatere disse etaper til de væsentligste udviklingslinier i malerens œuvre og verdensbillede. Her var det af særlig betydning, at en nytolkning af dokumenterne åbnede for indblik i, hvordan Abildgaard gennem køb af bøger og pamfletter måned for måned fulgte udviklingen i revolutionens Frankrig, fra foråret 1789 og frem til 1794. Herved bekræftedes den opfattelse, at disse begivenheder var af skelsættende betydning for hele hans œuvre. Denne indsigt var i en vis forstand ikke ny. Faktisk var den en del af den viden, der i dansk kunsthistorie siden Høyen og Lange er blevet sorteret fra. Sådanne gamle vaner ændres kun langsomt.[12] Men uden for Danmarks grænser har den nye, filologisk funderede læsning vakt stor interesse; og i historiske oversigtsværker om perioden er det nu med en del større selvfølgelighed, at Abildgaard indtager sin velfortjente plads som en af 1700-tallets store, repræsentative skikkelser i dansk kultur- og kunsthistorie.[13]

Side i Abildgaards egenhændige katalog over sin bogsamling. På arkets øverste og nederste tredjedel er der anført bøger, som Abildgaard købte fra sensommeren 1789 og frem. Midt på siden er der – øjensynlig på et senere tidspunkt – anført enkelte andre indkøb. Fotografi: Danmarks Kunstbibliotek.

Noter

1. C.V. Petersen, »Omkring Abildgaard-Udstillingen«, *Afhandlinger og Artikler om Kunst* (Kbh. 1939), 134 (fra *Tilskueren* 1916).
2. A. Oehlenschläger, »Frederiksberg«, i: F.L. Liebenberg (udg.), *Oehlenschlägers Poetiske Skrifter* 20 (Kbh. 1860), 163 ff.
3. Horats, *Digtekunsten* v. 361; om tolkningstraditionen se R.W. Lee, »Ut pictura poesis: The Humanistic Theory of Painting«, *Art Bulletin* 22 (1940), 197 ff.
4. Oehlenschläger, »Frederiksberg« i: F.L. Liebenberg (udg.), *Oehlenschlägers Poetiske Skrifter* 20 (Kbh. 1860), 163 ff.
5. »Allegori«, »skulde frem«, »Luft« og »Minerva«: N.L. Høyen, »Konsten i Danmark i den sidste Halvdel af forrige Aarhundrede« (1859) i: J.L. Ussing (udg.), *Niels Laurits Høyens Skrifter* III (1876), 205; 117; 115; 212. »invita Minerva«: Horats, *Digtekunsten*, 385.
6. J. Lange, »Dansk Malerkunst fra Abildgaard til Eckersberg«, *Nutids-Kunst* (Kbh. 1873), 43.
7. B. Skovgaard, *Maleren Abildgaard* (Kbh. 1961), 19.
8. Således digteren Laus Strandby Nielsen, »Litterære billeder. En Abildgaard skitse«, *Kritik* 36 (1975), 24, der som den første rejste spørgsmålet om den indre sammenhæng i Abildgaards motivverden.
9. Fra 1970'erne suppleredes de vigtige tidlige studier af Leo Swane og Bente Skovgaard af en række ikonografisk orienterede arbejder. Nævnes kan: C. Christensen, »Fra Tahiti til Amalienborg. Et sydhavsmotiv hos Nicolai Abildgaard«, *Fund og Forskning* 17 (1970), 95 ff. og sammes «Ossian-illustrationer i Danmark«, *Fund og Forskning* 19 (1973), 7 ff.; E. Fischer, »Abildgaards Filoktet og Lessings Laokoon«, *Kunstmuseets årsskrift* 62 (1976), 77 ff. (genoptrykt i *Billedtekster* (1988), 19

ff.) og sammes »Abildgaards kongebilleder i Christiansborgs Riddersal«, *Kunstmuseets årsskrift* (1992), 4 ff., samt monografierne af K. Kryger, Frihedsstøtten (Odense 1986) og E. Kai Sass, *Lykkens tempel* (Kbh. 1986).

10. Det flg. bygger på min disputats, P. Kragelund, *Abildgaard – kunstneren mellem oprørerne* I-II (Kbh. 1999). På s. 663-681 findes en udførlig bibliografi.

11. »Maleren, eller Kun i Graven er Fred« i: *Nyeste Skilderie af Kiøbenhavn* 16 (Kbh. 1811), 996 ff.; her citeres s. 1104-1105.

12. To eksempler: i sin monografi om *Maleren Abildgaard* fra 1999 har Charlotte Christensen valgt stiltiende at se bort fra hele den gruppe arbejder, der spejler Abildgaards sympatier for den franske revolution; og i Statens Museum for Kunsts katalog, *Ældre dansk malerkunst. Kunstnere født før 1876* (Kbh. 2001), gentages næsten alle de forudgående katalogers fejl vedr. Abildgaards motiver og hans maleriers datering og mål.

13. I en stort anlagt anmeldelse af P.J. Nordhagen, »Ved kildene. En anmeldelse af Patrick Kragelund, Abildgaard. Kunstneren mellem oprørerne«, *Kunst og Kultur* 85 (2002), 82-104 anføres det (82), at den i disputatsen anlagte synsvinkel »kaster et sentralt, nyt materiale inn i den vitenskapelige debatten omkring den epoken (Abildgaard) tilhørte«. I den hjemlige kulturhistorie er det interessant at se, at J. Engberg, *Magten og kulturen. Dansk Kulturpolitik 1750-1900* I (Kbh. 2005) bygger en stor del af sin fremstilling af relationen mellem magten og 1700-tallets danske malerkunst op omkring Abildgaards hidtil oversete, men centrale rolle.

Lene Schøsler

Filologien på lerfødder
Om tre filologiske traditioner

Indledning

Det konkrete udgangspunkt for mit oplæg er mine egne frustrationer i forbindelse med anvendelsen af kilder på ældre fransk, som jeg har fremstillet i detaljer bl.a. i Schøsler 1984 og Schøsler 2004. Det er imidlertid min hensigt at påvise, at disse problemer ikke kun er knyttet til fransk. Jeg vil omtale tre successive filologiske traditioner eller paradigmer, og min pointe vil være at paradigmerne undertiden ret ufuldkomment afspejler skift i genstandsområdet for filologien, således at det store filologiske arbejde desværre undertiden giver et resultat – altså en tekstudgave – der bedst kan karakteriseres som en kolos på lerfødder. Jeg vil her udelukkende beskæftige mig med ikke-administrative tekster, idet overlevering af lovtekster og lignende per definition har en anden status end litterære og historiske tekster.

Man kan skelne i hvert fald tre traditioner som jeg vil omtale i de følgende tre afsnit: 1. den klassisk-filologiske tradition, 2. nationalfilologierne, 3. den såkaldte »nye« filologi. Den klassisk-filologiske tradition har fra begyndelsen arbejdet med at udgive og ikke mindst at kommentere autoritative forfattere. Det være sig egentligt klassiske forfattere som Caesar og Cicero, senere kirkefædre eller andre forfattere med klar autoritetsstatus. Nationalfilologierne opstod i det 19. århundrede som et ægte barn af romantikken, med et ønske om at etablere en national identitet bl.a. på basis af ældre nationalsprogede tekster. Den »nye« filologi er opstået i det 20. århundrede. Den startede så småt i starten af århundredet som reaktion mod den klassisk-filologiske metode, men især efter 1990 har der været en voldsom debat om denne skoledannelse. I de første tre afsnit vil jeg anlægge en kronologisk vinkel på de tre traditioner og desuden inddrage Joseph Bédier der er en overgangsfigur mellem de to sidste paradigmer. I det fjerde afsnit vil jeg opdele traditionerne lidt anderledes, på basis af deres holdninger til fire grundlæggende spørgsmål vedrørende deres genstandsfelt.

1. Den klassiske filologi

Den klassiske filologis genstand er principielt en teksttradition ud fra én original der er kopieret af forskellige kopister på forskellige tidspunkter og muligvis i forskellige sproglige varianter. Jeg taler her kun om *autoritative klassiske tekster* på latin. Den klassiske filologi går ud fra en eksplicit sproglig norm, nemlig det sprog som Caesar, Cicero og deres samtidige skrev i. Kopiernes afvigelser fra denne norm blev, formodentlig med rette, identificeret som kopistfejl og rettet. Vor kulturhistoriske viden om tekstoverlevering fortæller os, at kopisterne arbejdede så nøjagtigt som muligt i deres respekt for det autoritative latinske forlæg. *Ikke-autoritative* tekster håndteres anderledes, dvs. mere respektløst, af kopisterne. Denne forskel kan blandt andet observeres i nylatinske tekster, se senere, afsnit 4.4.

Figur 1 er en model der skal vise hvorledes én original (O), der oprindeligt er blevet kopieret af tre kopister, gennem senere afskrivninger, hvoraf flere er gået tabt, er overleveret i 4 manuskripter. Det kronologiske forløb er markeret fra t_1 til t_n. Filologens arbejde består så i, på basis af de fire manuskripters varianter, og ud fra filologens viden om sproglige, kulturelle, historiske og litterære forhold, at rekonstruere originalen. Ledetråden for den klassiske filolog er den lachmannske metode der går ud på at finde »den fælles fejl« som formodes begået af en given kopist, f.eks. den der har kopieret a fra originalen O, og som derefter formodes at fortsætte i alle afskrifter der nedstammer fra a. Da de øvrige kopister næppe uafhængigt har lavet samme fejl i deres afskrift, vil manuskripter stammende fra kopi b og c ikke rumme denne fejl. Filologen kan derfor forsvare at rette fejlen i manuskripter stammende fra a, såfremt de øvrige manuskripter stammende fra b og c er enige imod a. I visse tilfælde er fejlene banale og det er fuldt ud berettiget at rette dem. I andre tilfælde kan der være talrige komplicerede varianter der i praksis kan gøre det vanskeligt at identificere kopistfejl.

2. Nationalfilologien

Nationalfilologierne opstod som nævnt i det 19. århundrede som ægte børn af romantikken, i forbindelse med ønsket om at etablere en national identitet på basis af na-

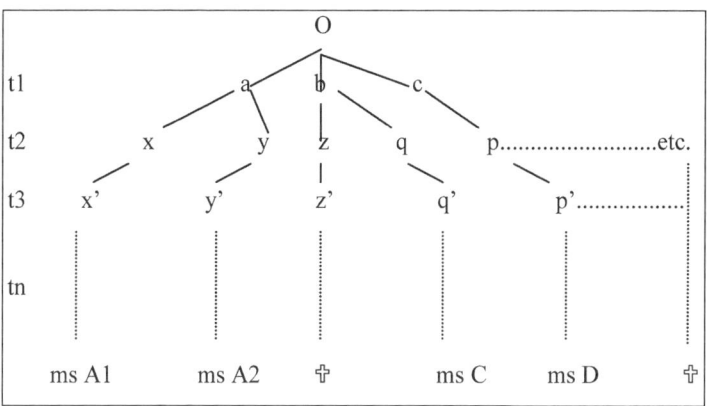

Figur 1: Overlevering af autoritativ klassisk tekst med én original.

tionalsprogede forfattere. Man begyndte derfor at udgive ikke længere kun klassiske tekster, men også middelalderlige folkesprogede tekster af national betydning, der f.eks. fortalte om nationale myter og sagn. Videnskabshistorisk hænger dette skift i genstandsområdet sammen med en klar ændring af samfundsopfattelsen i forbindelse med opståen af nationalstater.

Metoden til at udgive de folkesprogede tekster blev imidlertid lånt fra den klassiske filologi der, som vi har set det, havde en helt anden genstand for udgivelse, nemlig de *autoritative tekster*. Nationalfilologerne udgav fortrinsvis *ikke-autoritative tekster*, ofte oprindeligt oralt overleverede fortællinger, der fandtes i forskellige versioner. Filologerne var blevet trænet i Lachmanns klassiske filologiske metode der herefter ukritisk blev overført fra de klassiske tekster på nationalfilologiens genstandsområde, hvor filologerne – ganske anakronistisk – ledte efter den inspirerede, geniale forfatter til heltedigte som f.eks. det franske Rolandskvad.

På tekstniveauet betød denne praksis, at man blandede forskellige overleverede versioner, der havde hver deres fortolkninger af samme myte og som oven i købet oftest var overleveret i forskellige dialekter, idet middelalderen er karakteriseret ved en sproglig pluralitet og fravær af sproglig norm. Filologerne valgte, igen ganske anakronistisk, at normalisere teksterne, ud fra deres egen forestilling om en sproglig norm. I Frankrig var denne normalisering tæt forbundet med den centralstyrede stats sprogpolitik fra det 17. århundrede og forstærket efter Revolutionen, hvor det drejede sig om at opprioritere det »rigtige« fransk, dvs. Akademiets norm baseret på den parisiske overklasses sprog. Den sproglige norm som nationalfilologerne valgte, var derfor oftest en centralfransk fiktiv norm fra området omkring Paris. Denne dialekt adskiller sig imidlertid ved først at være dokumenteret efter 1300, dvs. efter det tidspunkt de kendte oldfranske tekster stammer fra.

Nationalfilologiens genstandsområde adskiller sig altså principielt fra den klassiske filologis ved at det ofte drejer sig om mundtlige overleveringer af myter og sagn, som på et relativt sent tidspunkt i forhold til deres opståen er skrevet ned i forskellige versioner, der måske blot har kernen af historien til fælles. Denne overleveringstype kan sammenlignes med de fire evangeliers relation til de oprindelige, mundtlige beretninger om Jesu fødsel, liv og død.

Fra det øjeblik en version er nedskrevet, begynder en skrifttradition, der principielt forløber som den klassiske filologis teksttradition – men med den væsentlige forskel, at der i middelalderen ingen skriftsprogsnorm fandtes. Det vil sige, at den enkelte kopist, eller snarere den person der bestilte og betalte en kopi, fik udarbejdet en kopi af forlægget der var tillempet kopistens eller den fremtidige ejers dialekt og måske også rettet ind efter hans bestemte holdninger (se eksempel herpå i afsnit 3). Det betyder, at hvert enkelt manuskript kan være en form for indholdsmæssigt og udtryksmæssigt målrettet version eller ligefrem »oversættelse« til sit nye publikum. Som nævnt tidligere, fortæller vor kulturhistoriske viden om folkesproglig tekstoverlevering i middelalderen os, at kopisterne ikke havde samme respekt for et folkesprogligt forlæg som de samme kopister havde for et klassisk forlæg.

Figur 2 illustrerer kompleksiteten i en folkesproglig manuskripttradition med flere uafhængige mundtlige traditioner der hver for sig kan være ophav til en senere skriftlig tradition startende med O_1, O_2 osv., meget lig de fire evangelier, som nævnt. (Visse klassiske traditioner har formodentlig en lignende mundtlig oprindelse, f.eks. *Iliaden* og *Odysseen*. Den pointe jeg ønsker at få frem her, er at den efterfølgende

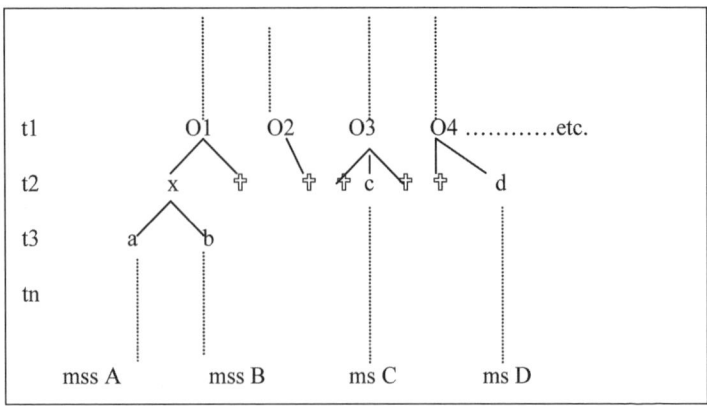

Figur 2: Overgang fra en mundtlig til en skriftlig folkesproglig manuskripttradition.

ikke-autoritative folkesproglige manuskripttradition som er illustreret nedenfor i figur 3, skaber specielle problemer ved tekstudgivelser).

Figur 3 viser en enkelt gren i en folkesproglig manuskripttradition, der kunne stamme fra O_1 i figur 2. Manuskripttraditionen starter med *a*, der er familiens første version. Lad os nøjes med at se på den sproglige form. Forlæg a overleveres på første kronologiske niveau (t_1) i tre forskellige dialekter, d_1, d_2 og d_3. På næste kronologiske niveau overleveres de tre første afskrifter i nye afskrifter, der delvist gengiver sprog (og indhold) fra den afskrift, der kopieres fra, dels tilemper sprog (og indhold) efter det ny publikums sprog og ønsker. Således fortsætter teksttraditionen med stadigt nye tillempninger og »oversættelser« frem til det manuskript, der tilfældigvis er bevaret, og som har undgået ild, insekter, mus eller behov for genbrug, her manuskript A_1 og manuskript A_2.

Det i figur 3 skitserede forløb betyder at det overleverede manuskript rummer spor af sin tilblivelse, herunder af successive tilpasninger til sit publikum. Man (Nichols 1997: 14) har rammende sagt at et manuskript er et *multidimensionelt sted*.

Den grundlæggende heterogenitet i middelalderhåndskrifterne står i skarp modsætning til den klassiske overleveringstradition. Nationalfilologerne havde som nævnt en kulturhistorisk betinget opfattelse af at disse tekster var forfattede af geniale forfattere, der spillede en grundlæggende rolle for skabelsen af det nationale sprog. Nationalfilologerne udarbejdede på denne baggrund og på baggrund af deres træning i at arbejde med autoritative klassiske tekster, folkesprogede tekstudgaver svarende til deres egne anakronistiske forestillinger. Resultatet blev tekster udgivet i et »renset«, altså i et normaliseret sprog, der for fransks vedkommende faktisk i høj grad ikke eksisterede, men blev »opfundet« af nationalfilologerne i slutningen af det 19. århundrede. (Se Fleisch-

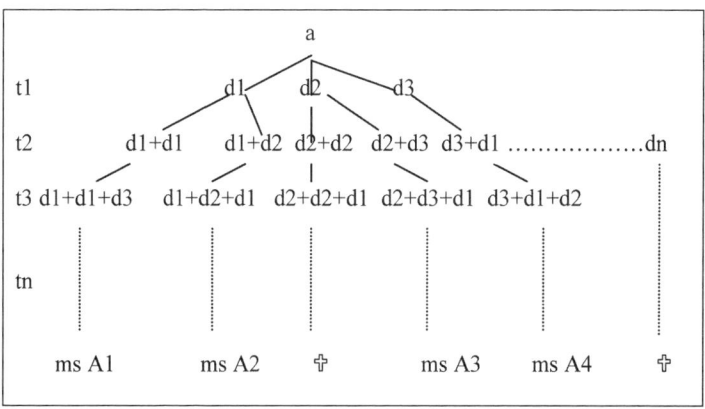

Figur 3: Kompleksiteten i overleveringen af en folkesproglig manuskripttradition.

mann 2000 for en uddybelse af dette synspunkt.) Dette udgivelsesprincip har været gældende i det 19. og i størstedelen af det 20. århundrede. Det betyder, at de tekstudgaver som generationer af forskere og studerende har arbejdet på basis af, i realiteten i høj grad er et kunstprodukt. Det implicerer yderligere at de studier, der er udarbejdet på basis af sådanne tekster, afspejler nationalfilologernes sprogopfattelse, ikke manuskripternes virkelighed. Lad mig i det følgende illustrere hvordan en kritisk udgave ud fra Lachmanns principper håndterer manuskriptvariationer.

Jean Rychner har lavet en god kritisk udgave af en fransk tekst fra det 12. århundrede, *Le Lai de Lanval*. Udgaven udmærker sig i særdeleshed ved en omhyggelig angivelse af manuskriptvarianter. Denne tekst er speciel ved at den *ikke* baserer sig på en mundtlig tradition. Desuden har den en navngiven forfatter, Marie de France, og man ved at den oprindeligt er forfattet i England, på den anglo-normanniske dialekt. I den kritiske udgave lyder v. 39-41 således:

Li chevaliers dunt jeo vus di	den ridder som jeg fortæller jer om
Ki tant aveit le rei servi.	som havde tjent kongen længe
Un jour munta sur sun destrier:	steg en dag op på sin hest
Si s'**est alez** esbaneier.	og red afsted for at adsprede sig

Lad mig for overskuelighedens skyld nøjes med kommentere de fremhævede elementer med henblik på dialektforhold, herunder grafier, kasus- og tempusbrug. Man bemærker at subjektet **li chevaliers** er i nominativ, hvilket er et kontinentalt fransk træk der står i modsætning til den anglo-normanniske dialekt, der ikke respekterer den traditionelle kasusbrug. Grafien **chevaliers** har et ikke-anglo-normannisk suffiks -**ier**. Til gengæld er formen af det relative pronomen klart anglo-normannisk: **dunt**, idet den kontinentale er **dont**.

Endelig bemærker man at tempus i vers 41 er passé composé: **est alez**.

Lad os nu se på de fire manuskripter fra det 13. og det 14. århundrede som denne tekst er overleveret i. Disse manuskripter er altså basis for den kritiske udgave. Der er to anglo-normanniske manuskripter *H* og *C* og to kontinentale håndskrifter fra hver sin dialekt: *P* og *S*. Lad os forsøge at forstå de valg udgiveren har truffet. Man ser straks de mange forskelle mellem den kritiske udgave og de fire manuskripter, men jeg vil nøjes med at komme ind på de tre nævnte elementer.

Mss: P (picardisk) 13. årh.	H (anglo-normannisk) 13. årh.
Li ceualiers que je uos di	**Le cheualer dunt** ieo uus di
Ki tant auoit le roi serui	Que tant aueit le rei serui
Vn jor monta sor son destrier	Vn iur monta sur sun destrer
Si sen **ala** esbanoiier	Si **sest alez** esbaneer

S (francien) 13. årh.	C (anglo-normannisk) 14. årh.
Li cheualiers dont ie uos di	**Li cheualer dunt** je vus di
Qui tant auoit le roi serui	Ke tant aueit le rei serui
.I. ior monta sor son destrier	Vn jor munta sur sun destrer
Si **sest alez** esbanoier	Si **senuet** esbanoier

Man kan spørge sig selv hvilken dialekt Rychner forsøger at gengive. Grafien **chevaliers** findes kun i manuskript *S* og er typisk centralfransk (ch-, -iers), grafien **dunt** findes i *H* og *C* og er typisk anglo-normannisk. Kasusbevarelse der findes i *P* og *S* peger til gengæld væk fra anglo-normannisk. Dette er klart inkonsekvent og i uoverensstemmelse med de kendte dialektale forhold. Ud fra denne passage at dømme, vælger Rychner åbenbart konsekvent den anglo-normanniske variant **u** som i manuskript *C* og *H*, men altså ikke -**er**, og han

111

respekterer ikke de to manuskripters kasusvalg. I tempusvalg følger han H og S.

Tempusvariationen er interessant. Når Rychner vælger passé composé, betyder det så at han foretrækker at følge ms. H? Men det gør han jo ikke med kasus, ej heller med vokalerne **u** der gengives med **v** eller finalvokalerne i **chevalier, destrier, esbanoier**. Ifølge forordet vælger Rychner faktisk H som det bedste manuskript, selv om det er det yngste – men som det fremgår, er det altså langt fra konsekvent gennemført.

Rychner er faktisk en af de gode filologer, men hans forsøg på at rekonstruere en original resulterer i et sammensurium af forskellige dialektale træk, på trods af at man i dette tilfælde kender den originale dialekt, nemlig anglo-normannisk. Den udgivelsespolitik jeg som sprogforsker vil foretrække, er en udgivelse af samtlige manuskripter. For at genoptage billedet med de fire evangelier fra sidste afsnit kunne man sige at Det Ny Testamente netop er et eksempel på at man *ikke* har forsøgt at sammenskrive de fire beretninger til én tekst.

Det er påfaldende hvordan man i de fire manuskripter til *Le Lai de Lanval* kan observere hvorledes en pikardisk kopist (P) og en kopist fra Île-de-France *(S)* reelt *oversætter* de anglo-normanniske træk til deres respektive dialekter, såvel grafisk/fonetisk som morfologisk, idet kasussystemet der er inkonsekvent (ms. C) eller fraværende (ms. H) i anglo-normannisk reelt *introduceres* i P og S. At der i middelalderen er en klar forståelse af hvor store forskelle der var mellem dialekterne fremgår af mange udsagn, hvoraf jeg vil gengive to typiske. Det første stammer fra prologen til *la Vie d'Edouard le Confesseur*, en anglo-normannisk tekst fra det 12. århundrede, hvor oversætteren undskylder sin dårlige franske grammatik, især sin fejlbehæftede kasusbrug. Det er

påfaldende at forfatteren opfordrer andre til at rette sproget
– hvilket vi lige har set at afskriverne der har kopieret *P* og *S*
netop har gjort.

Si joe l'ordre des cases ne gart	Hvis jeg ikke respekterer kasusforholdene
Ne ne juigne part a as part,	og ikke sætter delene korrekt sammen,
Certes n'en dei estre reprise,	så bør jeg ikke bebrejdes dette,
Ke nel puis faire en nule guise.	for jeg er ikke i stand til det.
Qu'en latin est nominatif,	Det der er nominativ på latin
Ço frai romanz acusatif.	laver jeg til akkusativ på fransk.
Un faus franceis sai d'Angletere,	Mit dårlige fransk stammer fra England,
Ke ne l'alai ailurs quere.	fordi jeg ikke har været andre steder.
Mais vu ki ailurs apris l'avez,	Men I som har lært fransk et andet sted,
La u mester iert, l'amendez.	I skal rette dér hvor det behøves.

Omvendt understreger Guernes de Pont-Sainte-Maxence
i *la Vie de Saint Thomas Becket*, v. 6161-6165 fra det 12.
århundrede sit gode fransk, der skyldes at han stammer fra
Frankrig (dvs. Île-de-France, altså centralfransk).

Ainc mais si bons romanz ne fu faiz ne trovez.	Aldrig er der forfattet så god en historie.
A Cantorbire fu e faiz e amendez;	Den blev skrevet i Canterbury.
N'i ad mis un sul mot. qui ne seit veritez	Der er ikke et usandt ord i den.
Li vers est d'une rime en cinc clauses cuplez.	Digtet er skrevet på vers der rimer fem og fem.
Mis languages est bons, car en France fui nez.	Mit sprog er godt, for jeg er født i Frankrig.

Vi har set på basis af *Le Lai de Lanval* at en kritisk udgave,
der baserer sig på forskellige manuskripter, som resultat giver en heterogen tekst der hverken svarer til den sproglige
dialektale virkelighed eller til originalens dialekt, i dette til-

fælde anglo-normannisk. Dette er et udbredt problem ved at arbejde på basis af kritiske udgaver. Den mest skarpsindige kritik af de kritiske udgaver baseret på Lachmanns principper kommer fra Joseph Bédier og drejer sig om basale metodologiske forhold.

Bédier havde oprindeligt selv arbejdet ud fra den kritisk-filologiske metode, altså den lachmannske metode, for at udgive *Le lai de l'Ombre*, forfattet af Jean Renart i begyndelsen af det 13. århundrede, en tekst, der er bevaret i syv manuskripter (udgivet af Bédier i 1890). Bédier konstaterer at der er 1700 varianter i denne korte tekst, d.v.s. en variant for hver tre ord, hvilket er en ganske almindelig ratio. Problemet er naturligvis for en udgiver at overskue og vægte varianterne og udlede familieslægtskaberne mellem manuskripterne, jf. afsnit 1 om Lachmanns metode. I 1913 påviste Bédier det besynderlige forhold at så godt som alle de stemmata, udgivere når frem til, har to hovedgrene uanset hvor mange manuskripter der er. Han mener at dette hænger sammen med Lachmann-metoden, simpelthen fordi togrenede stemmata er mere overskuelige end mangegrenede, og han spørger vittigt: *Un arbre bifide n'a rien d'étrange, mais un bosquet d'arbres bifides, un bois, une forêt?* (1929: 12). Bédier konkluderer at den lachmannske metode i virkeligheden hviler på subjektive skøn om varianternes kvalitet, der kan føre til forskellige, men lige plausible stemmata, og han formoder at antallet af mulige stemmata for en teksttradition med syv manuskripter nok er uendeligt. Han forkaster derfor den kritiske metode og foreslår at man i stedet udgiver det bedste manuskript.

Den omstridte filolog Dom Quentin foreslog på samme tid en anden håndtering af stemmata i to faser, en uorienteret og en orienteret, idet han, ligesom Bédier, understreger at Lachmann-traditionens tanke om »fælles fejl« forudsætter viden om hvordan originalen er – medens det jo er originalen man principielt leder efter. De to forskere er således enige om at selve udgangspunktet for Lachmanns metode er cirkulært. Dom Quentins metode med opdeling i to faser genoptages senere af den hollandske forsker Antonij Dees, der præciserer at en teksttradition med syv manuskripter har 2.381.408 mulige stemmata.

Synspunkterne har siden stået stejlt over for hinanden – en traditionel, Lachmann-inspireret metode over for et Bédier-inspireret princip om at udgive det bedste manuskript – indtil den »nye« filologi formulerede andre principper.

3. Den »nye« filologi

Den »nye« filologi er opstået i løbet af det 20. århundrede. Bevægelsen startede så småt i begyndelsen af århundredet som reaktion mod den nationalfilologiske metode ud fra Bédiers kritik som nævnt ovenfor og støttet af f.eks. Micha 1939. Senere fortsatte kritikken, se Zumthor 1972, Cerquiglini et al. 1976, Dragonetti 1980 og Cerquiglini 1981. Især efter et særnummer i *Speculum* om den ny filologi i 1990 (se f.eks. Nichols 1990), har der været en voldsom diskussion om den »nye« filologi.

Den »nye filologi« kommer altså som en reaktion på den nationalfilologiske anakronistiske fortolkning og manipulation af folksprogede middelaldertekster. Den præsenterer en ny fortolkning af middelalderen, der ligger langt nærmere den moderne tids verdensbillede. Denne fortolkning tager sit afsæt i en ændret samfundsorden, som den i middelalderen ser som et spejlbillede af den moderne, fragmenterede virkelighed og som sætter fokus på **variationen**. Lad mig straks understrege at den »nye« filologi derved igen er en nyfortolkning af middelalderen ud fra forskernes samtid

– men det forekommer mig imidlertid, at den »nye« filologi på mange punkter rammer rigtigere end Nationalfilologien. Samtidig indsætter den »nye« filologi middelalderteksten i en moderne kommunikationsmodel, hvor den fint passer, al den stund en middelaldertekst ikke er en »pakke«, der overleveres fra hånd til hånd, men en kombination af form og indhold, hvor ikke kun afsenderen, men også modtageren, afgør form og indhold. Nyfilologer som f.eks. Nichols insisterer med rette på den dynamiske interaktion mellem kopisten, forlæg, afskrift og modtager af afskriften. I følgende citat karakteriserer han de to filologiske traditioner over for hinanden. Med »material philology« mener Nichols den nye filologi og med »textual criticism« mener han nationalfilologien:

> Material philology, which takes manuscript skepticism seriously, operates very differently from textual criticism's idealism inherent in its quest to reconstitute a lost [original]. The difference in approaches, of course, stems from the post-modern orientation of material philology that holds any medieval text to be fundamentally unfixed, always open to new inflection, legitimately so ... It does mean that as »living forms«, versions produced in a particular »culture« by one or more individuals, no one version, no matter how complete, may be viewed as authoritative. (Nichols 1997: 16-17)

Lad mig med Dragonetti (1980: 48) understrege kopistens frihed og kreativitet. Denne frihed og kreativitet udfolder sig ikke kun på det formelle plan, men naturligvis også på det indholdsmæssige plan:

A part le fait que le scribe, tout comme le jongleur, peut (mais pas nécessairement) faire œuvre d'auteur, même en tant que copiste, le scribe ne laisse pas inchangé le texte qu'il transcrit, du seul fait que la transcription est livrée indéfiniment à la force transformationnelle de l'acte d'écriture. D'où il résulte qu'il peut y avoir autant de versions différents de l'original qu'il y a de copies.

I det følgende vil jeg illustrere kopistens kreativitet, først variation styret af formelle forhold, dernæst indholdsmæssigt betingede variationer. Eksemplerne stammer fra Schøsler 2001.

3.1. *Eksempler på variation styret af formelle forhold*

Lad mig give et banalt dansk eksempel på et formelt problem forårsaget af udtaleændring. Følgende patetiske »gravindskrift« over et husdyr er citeret efter hukommelsen og stammer vist fra Soya:

Her ligger Felix af dage mæt
han var en trofast lille kat (version 1)

Problemet er her, at det der engang har været et smukt rim, med »mæt« og »kat« udtalt med samme vokal ikke længere fungerer, fordi denne vokal har ændret sig på moderne dansk, så de to ord ikke længere rimer. Hvis det nu havde været nogle kendte verslinier fra et nationalepos ville det dårlige rim skurre i ørene, og nogen ville måske foreslå en ændring af andet vers, så det faktisk rimede, så vi i stedet fik:

Her ligger Felix af dage mæt
han var en kat uden en plet (version 2)

Denne ændring ville nogenlunde beholde meningen, og formen ville føles mere tilfredsstillende. Præcis sådanne problemer havde middelalderens kopister, som illustreret i det følgende citat fra *le Charroi de Nîmes* fra det 12. århundrede. Kopisterne har haft et problem med assonansen, der skrives enten *ou*, udtalt [u], *eu*, udtalt [ø] eller *o* [o]. Af rent formelle grunde, eller måske også af indholdsmæssige grunde, er ordet for *hals* »goule« i nogle manuskripter erstattet med ordet »gonne« og resten af verset rettet ind derefter, så den ene gruppe manuskripter: mss. A1, A2, A3, A4 og C, fremstår med en grum dødsstraf, hvor den anden, mss. B1 og B2, giver en langt mildere straf for samme forseelse. Dvs. at vi her har en illustration af primært formelle, sekundært indholdsmæssige variationer. I *le Charroi de Nîmes* har manuskripterne A og C valgt at beholde det der svarer til Felix-citatets version 1 på trods af ændret udtale i forhold til forlægget, medens manuskripterne B har valgt det der svarer til version 2.

Hvis man f.eks. ønsker at studere retsvæsnet i den franske middelalder og inddrager denne tekst, er det indlysende vigtigt at kunne fortolke disse varianter.

    ms. A1 perdi les eulz et pendi par la **goule**
    (han mistede sine øjne og blev hængt ved sin hals)
    ms. *A2 perdi les eulz et pendi par la* **goule**
    ms. *A3 perdi les eulz et pendi par la* **goule**
    ms. *A4 perdi les euz et pendi par la* **gueule**
    ms. *F* lakune

    ms. B1 *batus en fu, deschirée ot sa* **gonne**
    (han blev slået og hans klæder revet i stykker)
    ms. *B2 batu en fu, s'ot desciré sa* **gonne**
    ms. *C les iels perdi et pendi par la* **goule**
    ms. *D* lakune

Charroi de Nîmes v. 963

3.2. Indholdsmæssigt betingede variationer

Rent indholdsmæssigt betingede variationer kan bedst illustreres ud fra Guiot, der er en af de bedst kendte kopister, der kopierede en af fransk litteraturs mest berømte forfattere, nemlig Chrétien de Troyes. Denne forfatter er en af de få oldfranske navngivne med en vis status, hvilket kunne lade formode at kopisten ville være trofast mod sit forlæg. Man identificerer mere eller mindre Chrétien de Troyes' værk med Guiots kopi, men Keith Busby har i 2002 påvist, at Guiot på mange punkter klart modificerer Chrétiens tekster. F.eks., som anført i følgende citat, har Guiot gjort Chrétiens tekst mere borgerlig og »stueren«, fjernet direkte seksuelt åbenhjertige passager, fjernet passager der på påtrængende vis refererer til døden osv., og erstattet dem med mere psykologiserende og »indlevende« passager.

> Guiot, in sum, is a wilful scribe with distinct likes and dislikes which in part determine the nature of the copy he produces. He is respectful of the ancient authority of Dares and the historical pose of Benoît de Sainte-Maure and Wace, but repulsed by the superstition of Greek myth he encounters in the former's version of Dictys. Hypersensitive to the sentiments and images of death, distrustful of the open and vocal expression of intimate and acute emotion, he strives always to achieve a level of measured decorum. Equally suspicious of the excesses of rhetoric and description, he tends to efface certain stylistic devices characteristic of poetic individuality and even goes so far on occasions as to suppress authorial identity. He is a paradox whose work is redolent of both restrained courtoisie and the impatience of a man wanting to get on with

the next assignment, but he is above all the compulsory prism through which we view the texts contained in BNF, fr. 794. (Busby 2002: 108)

Citatet illustrerer altså at selv den berømte Guiot er en typisk middelalderkopist, der afskriver et folkesprogligt forlæg og udarbejder sin egen version af dette forlæg, så hans kopi kommer i overensstemmelse med hans egen – eller hans arbejdsgivers – holdninger til indholdet.

4. Paradigmeskift

Udviklingen fra Lachmann og nationalfilologerne over Bédier til de nye filologer opfatter jeg som antydet indledningsvis som et paradigmeskift der følger den generelle videnskabshistoriske udvikling. Jeg vil i det følgende af fremstillingsmæssige grunde slå Lachmann og nationalfilologerne sammen og vurdere Bédier separat. De tre paradigmer: Lachmann-nationalfilologerne, Bédier og de »nye« filologer, afslører nemlig nogle fundamentalt forskellige holdninger til deres genstandsfelt. Disse holdningsforskelle kan formuleres som forskellige svar til følgende fire væsentlige spørgsmål: 1. hvad er forfatterens rolle? 2. hvad er kopistens eller kopisternes rolle? 3. hvad er en tekst? 4. hvad skal udgivelsen bruges til? Med udgangspunkt i hvert enkelt af de tre nævnte paradigmer vil jeg i det følgende besvare disse spørgsmål.

4.1. *Hvad er forfatterens rolle?*

For Lachmann og for nationalfilologien er forfatteren – og dermed originalteksten – den autoritet man vil nå tilbage til; for Bédier er forfatteren oftest en fiktion; for de nye filologer er han ikke så væsentlig, og hans eksistens er ikke altid givet.

4.2. Hvad er kopistens eller kopisternes rolle?

For Lachmann og nationalfilologerne er kopisterne dem der »ødelægger« teksterne; for Bédier er deres produkt den eneste håndgribelige virkelighed. Den »nye« filologi deler Bédiers opfattelse – men samtidigt tilskrives kopisterne nærmest en forfatterstatus.

4.3. Hvad er en tekst?

Teksten er for den traditionelle filologi en rekonstruktion, der skal afspejle originalen så nøjagtigt som muligt. Med Bédier bliver teksten til et pålideligt vidnesbyrd, en udgivelse af det manuskript der skønnes af bedste kvalitet. Med den »nye« filologi ser vi endnu et skift, hvor interessen forskyder sig fra produktet (teksten) til formidlingsprocessen. Derved opstår interessen for *variationen* som den fundamentale betingelse for denne type tekster og derved opstår også behovet for en ny type udgivelser, hvilket vi skal komme tilbage til.

4.4. Hvad skal udgivelsen bruges til?

Den udgivne tekst er i den traditionelle filologi et udgangspunkt for utallige aktiviteter af (kultur)historisk, litterær, tekstkritisk og i mindre grad sproglig art. Med Bédier kommer vi – efter min erfaring – til en holdningsændring, idet en Bédier-udgave hovedsageligt bliver et udgangspunkt for specialiserede studier af enten litterær, historisk eller hyppigere sproglig art. Bédier-udgaver svarer altså til et fokusskift fra traditionel filologisk aktivitet til en mere specialiseret aktivitet.

Den »nye« filologi interesserer sig som nævnt for variationen og for relationen mellem disse variationer, såvel indholdsmæssigt (evt. ideologisk) som sprogligt. Begge typer variationer afslører nemlig tilpasninger til et bestemt publikum eller til den person der har bestilt en given kopi. Med den videnskabshistorisk betingede holdningsændring er det klart at de oprindelige kritiske udgaver efter Lachmann-modellen er ubrugelige for de forskere som f.eks. ønsker at undersøge specifikke sprogtrin eller en teksts indholdsmæssige variationer. Inden for sprogvidenskab svarer denne udvikling til fremkomsten af variationslingvistikken efter 1960'erne. Jeg vil gerne understrege den »nye« filologis åbning mod moderne lingvistiske paradigmer, især variationslingvistikken, herunder sociolingvistikken, samt pragmatikken.

Det forudgående implicerer at der med det sidste paradigmeskift er sket en udvidelse af filologiens område på flere områder, hvoraf jeg vil fremhæve to:

1. I stedet for at anse en tekst som basis for mere specialiserede, oftest litterære eller sproglige undersøgelser opfattes teksten som indgående i en bredere kommunikationsproces, hvor modtagerens forventninger er afgørende for budskabets form. Vi har ovenfor set at dette er en relevant holdning til middelalderlige folkesproglige tekster, hvor den enkelte kopist tilrettelagde sin afskrifts form, sprog – herunder dialektvalg – og hele stil efter modtageren. Imidlertid viser det sig at den »nyfilologiske« vinkel også er relevant for andre perioder, for det er ikke blot i middelaldertekster at vi finder successive bearbejdelser af tekster, eller med Zumthors ord »mouvance«. Også senere teksttraditioner er »flydende«, altså under stadig bearbejdelse – jeg vil i det følgende nævne tre eksempler.

– Montaigne skrev på sine *Essais* uafbrudt fra 1571 frem til sin død i 1592; han vedblev at genoptage og viderebearbejde det han allerede havde skrevet og tilføjede nye afsnit. En filologisk korrekt udgivelse af hans værk er derfor særdeles vanskelig.

– En anden form for variation kender man f.eks. i nylatinske tekster som påvist af Marianne Pade. Hun har blandt andet undersøgt Niccolò Perottis breve og påvist hvordan denne repræsentant for det 15. århundredes humanisme i høj grad tillemper sin fremstilling efter sit publikum.

– Et tredje, lidt mere kompliceret eksempel er Leibniz, hvis udarbejdelse af *Monaderne* har været undersøgt på forskningscentret *Lessico Intellettuale Europeo* i Rom. Man ved at Leibniz har forfattet denne tekst på fransk i 1714, og der findes tre forskellige rettede versioner fra Leibniz' hånd. Teksten er imidlertid først kendt fra en tysk oversættelse fra 1720 og en latinsk version fra 1721; den franske er først udgivet i 1840. Imidlertid er der ingen af disse versioner der er direkte oversættelser af hinanden – det drejer sig om tre uafhængige versioner (Bozzi et al. 2004: 295).

Pointen for såvel middelaldertekster som for senere tekster, som de nylatinske eller Leibniz' tekster er, at der faktisk ikke altid eksisterer én original af en tekst, men flere versioner, tilpasset af forfatteren selv (i hvert fald i Montaignes og Perottis tilfælde) til forskellige modtagere.

2. Leibniz-eksemplet peger frem mod den »nye« filologis interesse for studiet af skriveprocesser, og for den enkelte teksts faser. Væsentligt er det her at nævne en forskel på ældre og nyere tekster. Ældre teksters forskellige versioner er en del af offentliggørelsen, hvor yderligere den mere private skriftlige kommunikation og den mere offentlige ikke altid er skarpt adskilt, som vi ser det i Renæssancen og endnu, som i tilfældet Leibniz, op i det 18. århundrede. Ved studiet af moderne teksters opståen drejer det sig derimod om forfat-

terens private relation til sit produkt – i en periode hvor offentliggørelsen kan ske mekanisk, principielt uden yderligere variation, takket være de trykte medier. (Eksempler herpå findes f.eks. hos Glessgen & Lebsanft 1997.) Derved kommer filologien altså til at beskæftige sig med essentielt forskellige processer, der imidlertid har variationen som fællesnævner.

Det nye fokus på **variationen** nødvendiggør nye arbejdsmetoder og nye præsentationsmetoder, herunder især inddragelse af datalingvistiske metoder, hvilket i høj grad har været med til at forøge filologiens popularitet i forskningskredse i de seneste år. Det er i denne forbindelse naturligt at skelne mellem to faser:

I **Første Fase** drejede det sig om en simpel overførsel fra papir til det elektroniske medium – for at bevare kulturarven og for at lette adgangen til den.

Anden Fase, som man også omtaler som den egentlige teknologiske ændring, består i at man anvender den ny teknologi til noget som papir ikke kan: det drejer sig således om samtidige præsentationer af mange manuskripter, evt. i forbindelse med opbygning af elektroniske ordbøger over ældre sprogtrin. Disse avancerede præsentationer arbejdes der meget med i USA (Perseus-projektet i Boston, Charrette-projektet på Princeton), i Italien (*l'Opera de Vocabolario Italiano*) i Schweiz og Tyskland. I Frankrig, Tyskland og Canada er der ligeledes samarbejde om at kombinere tekster, ordbøger m.m. (ATILF, middelfransk-projekt i Nancy). I Wales er der the Anglo-Norman Dictionary ved Aberystwyth universitet. Der arbejdes desuden med elektroniske sammenligninger af store datamængder med henblik på at undersøge stemmatologiske relationer (Wattel i Amsterdam, Robinsons Canterbury Tales-projekt i England, Bozzi i Pisa) eller – omvendt – elektroniske sammenligninger for at følge en teksts opståen (Leibniz-projektet – *Lessico Intellettuale* i Rom). Endelig studeres moderne teksters tekstgenese f.eks. på Institut des Textes et Manuscrits Modernes under ledelse af Jean Louis Lebrave, Paris. Der er tilsvarende mindre enkeltprojekter i Spanien og i Portugal. Flere af disse projekter er præsenteret i Bozzi 2004 eller ved den internationale romanistkongres i Aberystwyth 2004, se referencer i bibliografien under punkt 2.

5. Konklusion

Konkluderende vil jeg atter fremhæve filologiernes videnskabshistorisk betingede ændringer siden 1800-tallet. Ændringer fra et filologisk helhedssyn til specialisering og videre til en ny inddragelse af kontekstbetinget variation.

Som det er fremgået, eksisterer der en tekstoverleveringstradition svarende til hvert paradigme. Imidlertid må man konstatere at de filologiske paradigmeskift ikke altid hos forskerne er ledsaget af en klar erkendelse af at et nyt paradigme er forbundet med en ny materiel basis for forskningen – altså en ny vurdering af forfatterens, kopistens og tekstens status.

For de *folkesproglige* teksters vedkommende vil jeg understrege, at med mindre man blot ønsker at læse en ældre tekst til almindelig orientering og ikke til egentlig forskning, bør man altid arbejde på basis af manuskripter, da mange kritiske udgaver er upålidelige. Derfor må man desværre i mange tilfælde spørge sig selv hvor videnskabelig en forskning er der baserer sig på et upålideligt grundlag? Jeg tænker her især på forskning der ukritisk benytter sig af kritiske og normaliserede udgaver der undertiden kun afspejler udgiverens personlige opfattelse af en fjern periode.

Til gengæld giver inddragelsen af de elektroniske medier helt nye muligheder for efter eget valg at arbejde efter

Lachmanns principper og efter Bédiers eller nyfilologernes principper, idet man ikke er bundet af papirudgivelsernes begrænsninger. De elektroniske medier åbner muligheder for at præsentere alt tilgængeligt materiale. De tillader os således at se variationen og vurdere den selvstændigt, uden at en udgiver tilrettelægger og udvælger for os.

Da nationalfilologerne overførte den velkendte metode på deres nye genstandsområde, inddrog de ikke deres viden om de materielle og historiske forhold hvorunder de nationalsproglige tekster blev til og blev overleveret. Det var bl.a. derfor de ikke gjorde sig klart at de skulle korrigere deres arbejdsmetode og de begik derfor anakronistiske fejlslutninger.

Den »nye« filologi fokuserer på tekstens afhængighed af kommunikationssituationen. Man behøver naturligvis ikke *filologien* til at forstå betydningen af kommunikationssituationen – men det er slående hvordan en historisk set grundlæggende disciplin i de humanistiske fag – nemlig filologien med tekstlæsning og tekstudgivelse – i en periode er blevet misforstået og fejlagtigt forvaltet, fordi nationalfilologien ikke har villet erkende tekstens afhængighed af kommunikationssituationen. Den »nye« filologi har derfor været et øjenåbnende bekendtskab for mange.

Lad os slutte med et billede af hovedpersonen: kopisten ved pulten, med sit forlæg og sin afskrift.

(London, Royal 14EIV f. 6v)

Referencer

1. Tekster

Udgaver:
Rychner, J. 1958. *Marie de France : Le Lai de Lanval*. Texte critique et édition diplomatique des quatre manuscrits français, Textes Littéraires Français (Genève – Paris).

Manuskripter:
Charroi de Nîmes:
A1, Paris, Bibliothèque Nationale, f.fr. 774;
A2, Paris, Bibliothèque Nationale, f.fr. 1449;
A3, Paris, Bibliothèque Nationale, f.fr. 368;
A4, Milano, Biblioteca Trivulziana 1025;
F (fragment), Paris, Bibliothèque Nationale, nouv. acq.f. 934;
B1, London, British Library, Royal 20 D.XI;
B2, Paris, Bibliothèque Nationale, f.fr. 24369;
C, Boulogne-sur-Mer, Bibliothèque Municipale 192;
D, Paris, Bibliothèque Nationale, f.fr. 1448.

2. Lille udvalg af relevante hjemmesider

www.aber.ac.uk/cilpr – hjemmeside for den internationale romanistkongres; se sektion 2 vedr. de elektroniske medier og filologi. Teksterne er p.t. under udgivelse.

www.atilf.fr/blmf – middelfransk tekstdatabase med ordbog.

www.anglo-norman.net – anglo-normannisk database.

http://www.uottawa.ca/academic/arts/lfa – Laboratoire de Français Ancien, elektronisk database over ældre franske tekster.

http://www.uottawa.ca/academic/arts/lettres/nf/index.htm – Laboratoire de français familier ancien, database over fransk-canadisk fra perioden 17.-19. århundrede.

www.perseus.tufts.edu – stor samling klassiske tekster med onlineordbøger, grammatik og oversættelser.

www.princeton.edu/~lancelot/ – samling af oldfranske manuskripter af Chrétien de Troyes.

www.vocabolario.org – Corpus testuale del Tesoro della lingua italiana delle origini og Opera del Vocabolario Italiano, databank over ældre italienske tekster og ordbog over ældre italiensk.

3. Videnskabelig litteratur

Bédier, J. 1929. *La tradition manuscrite du Lai de l'Ombre* (Paris).
Benskin, M. & M. Laing, 1981. *Translations and Mischsprachen in Middle English manuscripts*, i Benskin, M. & M.L. Samuels (udg.), *So meny people longages and tonges, Middle English Dialect Project* (Edinburgh), 55-106.
Bozzi, A., L. Cignoni, & J.-L. Lebrave (udg.) 2004. *Digital Technology and Philological Disciplines, Linguistica Computazionale vol. xx-xxi*, Istituti Editoriali e Poligrafici Internazionali (Pisa-Rom).
Busby, K. 2002. *Codex and Context. Reading Old French Verse Narrative in Manuscript I-II* (Amsterdam – New York).
Cerquiglini, B., J. Cerquiglini, C. Marchello-Nizia, & M. Perret-Minard, 1976. »L'objet ancien français et les conditions propres à sa description linguistique«, i: J.C. Chevalier & M. Gross (udg.), *Méthodes en grammaire française* (Paris) 185-200.

Cerquiglini, B. 1981. *La parole médiévale* (Paris).
Cerquiglini, B. 1989. *Eloge de la variante*, histoire critique de la philologie (Paris).
Dees, A. 1976. »Considérations théoriques sur la tradition manuscrite du Lai de L'Ombre«, *Neophilologus* (1976), 481-504.
Dragonetti, R. 1980. *La vie de la lettre au moyen âge* (Paris).
Fleischman, S. 2000. »Methodologies and Ideologies in Historical Linguistics: On Working with Older Languages«, i S. Herring, P.Th. van Reenen & L. Schøsler (udg.), 33-58. Se under Herring.
Glessgen, M.-G. & F. Lebsanft, 1997. *Editionsformen und Fragestellungen bei neuzeitlichen Quellen*, i *Zeitschrift für Deutsche Philologie Band 116, Sonderheft: Philologie als Textwissenschaft. Alte und neue Horizonte*, 3. del: *Editionsformen und Fragestellungen bei Neuzeitlichen Quellen* (Paderborn).
Herring, S., P.Th. van Reenen & L. Schøsler, 2000. »On textual Parameters and Older Languages«, i John Benjamins Publishing Company (udg.), *Textual Parameters in Older Languages* (Amsterdam), 1-31.
Micha, A., 1939. *La tradition manuscrite des romans de Chrétien de Troyes* (Paris 1939, genoptryk Droz, Genève 1966).
Nichols, S.G. (udg.) 1990. *Speculum* 65/1. Temanummer om den »ny« filologi.
Nichols, S.G., 1997. »Why Material Philology?«, i Zeitschrift für Deutsche Philologie Band 116, Sonderheft: Philologie als Textwissenschaft. Alte und neue Horizonte, 1997, 10-30.
Oesterreicher, W., 2001. »Sprachwandel, Varietätenwandel, Sprachgeschichte«, i U. Schaefer & E. Spielmann (udg.), *Varieties and Consequences of Literacy and Orality / Formen und Folgen von Schriftlichkeit und Mündlichkeit* (Tübingen), 217-248.
Reenen, P.Th. van & L. Schøsler, 2000a. »Corpus et stemma en ancien et en moyen français. Bilan, résultats et perspectives des recherches à l'Université Libre d'Amsterdam«, i C. Buridant

(udg.), *Le moyen français. Le traitement du texte (édition, aparat critique, glossaire, traitement électronique). Actes du IXe coll. internat. sur le moyen français org. le 29-31 05 1997* (Strasbourg), 25-54.

Reenen, P.Th. van & L. Schøsler, 2000b. »Pragmatic Parameters in Old French. Topic Continuity and Topic Change in the Main Clause in Old French. The Pragmatic Function of the Particles *ainz, apres, donc, lors, or, puis, si*«, i S. Herring, P.Th. van Reenen & L. Schøsler (udg.): *Textual Parameters in Older Languages* (Amsterdam-Philadelphia), 59-105.

Schøsler, L. 1984. *La déclinaison bicasuelle de l'ancien français* (Odense).

Schøsler, L. 1995. »New methods in textual criticism: The case of the Charroi de Nîmes«, i J. Fisiak (udg.), *Medieval Dialectology* (Berlin-New York), 225-276.

Schøsler, L. 2001. »Filologiske smuler«, i *Sprogfag i udvikling, Romansk Institut i et 10 års perspektiv, RI*, 51-68.

Schøsler, L. 2002. *La variation linguistique ; le cas de l'expression du sujet*, i W. Ayres-Bennett, & R. Sampson, (udg.), *Interpreting the History of French, A Festschrift for Peter Rickard on the occasion of his eightieth birthday* (Amsterdam-New York), 187-208.

Schøsler, L. 2004a. »Scribal Variations. When are they stemmatologically relevant – and when are they to be considered as instances of 'mouvance'?«, *Studies in Stemmatology II* (Amsterdam-Philadelphia), 207-226.

Schøsler, L. 2004b. »Historical corpora. Problems and methods«, i A. Bozzi, L. Cignoni & J.-L. Lebrave (udg.), *Digital Technology and Philological Disciplines* (Pisa-Roma, 2004), 455-472.

Zumthor, P. 1972. *Essai de poétique médiévale* (Paris, 1997).

Johnny Christensen

Quousque tandem...
En lille filologisk øvelse

> *Ciceronis Oratio in Catilinam I.*1-2: Quousque tandem abutere, Catilina, patientia nostra? quam diu etiam furor iste tuus nos eludet? quem ad finem sese effrenata iactabit audacia? Nihilne te nocturnum praesidium Palati, nihil urbis vigiliae, nihil timor populi, nihil concursus bonorum omnium, nihil hic munitissimus habendi senatus locus, nihil horum ora voltusque moverunt? Patere tua consilia non sentis, constrictam iam horum omnium scientia teneri coniurationem tuam non vides? Quid proxima, quid superiore nocte egeris, ubi fueris, quos convocaveris, quid consili ceperis, quem nostrum ignorare arbitraris? O tempora, o mores! Senatus haec intellegit, consul videt; hic tamen vivit. Vivit? immo vero in senatum venit, fit publici consili particeps, notat et designat oculis ad caedem unum quemque nostrum. Nos autem, fortes viri, satis facere rei publicae videmur, si istius furorem ac tela vitamus. Ad mortem te, Catilina, duci iussu consulis iam pridem oportebat, in te conferri pestem quam tu in nos omnis iam diu machinaris.

Marcus Tullius Ciceros Første Tale mod Catilina (*In Cat.I.*1-2). Den (falske?) folkelige eller populare politiker L. Sergius Catilina har tabt konsulvalget i 63 f.Kr., forberedt et kup ved hjælp af diverse desperate politikere og andre, som er blevet betaget af ham. Konsulen Cicero har afsløret hans planer, men ved et ekstraordinært senatsmøde 8. nov. 63 f.Kr. møder han uventet op. Cicero griber ordet:

> Vil du virkelig blive ved og ved med at prøve at udnytte min passivitet? Hvor længe kan din gangsterteknik lege kispus med os? Er der mon grænser for din hensynsløse selvtro? Regeringskvarteret er under militær beskyttelse om natten, byen patruljeres konstant, den brede befolkning holder sig tilbage, alle sundt tænkende politiske kræfter står sammen. Senatsmødet er fuldstændig sikret, du kan selv se stemningen her: mærker du ikke at alle dine planer ligger åbne i dagen, dit kup er lammet fordi vi véd fuldstændig besked: hvad du lavede sidste nat, forrige nat, hvor du var, hvem du havde møde med, hvad du planlagde, alt véd vi, hver af os. Og dog, hvad er det for en samfundsmoral vi lever med! I, mine kolleger i Senatet, er underrettet, jeg, konsulen, er klar over situationen, men han dér er spillevende, han møder op i Senatet, deltager i forhandlingerne som fuldt medlem, ja sidder og angiver med et blik at vi alle står for tur til likvidering. Og vi, brave kammerater, synes vi har gjort vor samfundspligt hvis bare vi kan undgå dette menneskes attentater. Forlængst burde jeg have sørget for din dødsdom, så du kunne opleve den undergang du så længe har arbejdet på for os.

Cicero holder i den følgende tid bl.a. en tale til folket 9. nov. (*contio*) (*In Cat. II*) efter Catilinas flugt og senere, efter arrestationen af de tilbageblevne sammensvorne, en redegørelse til folket *(In Cat. III)* 3. dec., og 5. dec. en tale til Senatet ang. Catilinariernes dom.

Min oversættelse af den første sætning i Ciceros 1. Catilinariske Tale implicerer nogle særlige overvejelser angående betydningen af *abuti* og *patientia*. Jeg foreslår at anvende en semantisk analyse af »komponentiel« karakter, dvs. en ordning af et ords forskellige anvendelser ud fra fordelingen af visse almene semantiske træk til samme »grundbetydning« eller betydningskerne.

Uti er at bruge/benytte. Præfixet *ab-* betegner retning mod en afslutning, med skift af aktionsart; *abuti* betyder altså »bruge fuldt ud, opbruge«. Hertil kan føjes et finalt element, bruge til et bestemt formål: »udnytte«. Yderligere kan føjes et værdielement af negativ art, som implicerer den ytrendes misbilligelse: »misbruge«.

Hvis Cicero mente »misbruge«, måtte han billige *patientia*, altså »tålmodighed«. Men hvad betyder *patientia*, eller rettere, hvad er ordets semantiske potentiale? Ordet er afledt af *pati*, eller rettere af imperfektparticipiet *patient-*, og betegner en disposition for at *pati* et eller andet. *a patitur b* har som grundbetydning: a »kommer ud for« b, a »vederfares« b (med et gammelt nyttigt ord). b vil normalt være noget der sker, et sagforhold, altså gengivet ved et verbal i infinitiv eller en sætning. Hvis vi tilføjer en komponent for subjektets bevidsthed eller villighed, får vi »a lader b ske/vederfares sig«. Hvis vi tilføjer en negativ vurderingskomponent til b, får vi »a lider b«. Med negativ vurdering til selve prædikatoren – *patitur* – får vi »a lader stå til«, omvendt med positiv vurdering »a bærer/udholder b«. Vi har antydet et semantisk derivationsskema, hvorfra vi for *patientia* har hentet, bl.a., 1. passivitet, efterladenhed, handlingslammelse, og lign., 2. tålmod(ighed).

Den semantiske analyse giver tolkningen nogle valgmuligheder, men kan jo ikke hjælpe os videre. Vi må tage konteksten for os og finde tankelinjer og nøglebegreber. »Tålmodighed« implicerer »misbruger« og giver en tone af den bedrøvede lærers skuffelse som ikke passer til situationen og højspændingen i Senatet.

Det ser faktisk ud til at én tankegang i talen er en tilsyneladende indrømmelse af at Cicero – eller konsulerne, skønt Cicero givetvis hentyder til sig selv trods brugen af pluralis – har været for passiv med hensyn til at skride ind over for Catilina, der burde være henrettet for længst. I *I.4* fordømmer han sin egen kriminelle efterladenhed (*me ipse inertiae nequitiaeque condemno*). Det berømte *O tempora, o mores*, »Hvad er det for en samfundsmoral vi lever med«, er rettet mod ham selv, *fortes viri* ligeledes og ironisk. Den manglende aktivitet som Catilina synes at tillægge Cicero gælder naturligvis ikke længere. Cicero har truffet modoprørske forholdsregler. Det burde have vist Catilina at hans kupforsøg var blevet forpurret; hvilket også samarbejdet mellem alle »gode«, »sundt tænkende« kræfter burde have vist, og ikke mindst *timor populi*, den ængstelige usikkerhed hos den brede befolkning, som ikke er gået på gaden for at støtte revolutionen. Der *er* en *patientia* der tjener et formål for Cicero: han vil gerne have Catilina udstillet som oprører og alle de sammensvorne ud af Rom. Han vil gerne pacificere medløberne og de nyttige idioter som findes, endda i Senatet (*In Cat.* 5-6 og 30).

Modbegrebet udtrykkes ved *diligentia*, »omhu og energi«, som optræder omtrent fra begyndelsen (*I.11*) til slutningen (*IV.23*). Både den snævre kontekst, indgangssituationen, og helheden (*I-IV*) peger mod *patientia-diligentia* som et styrende tankepar. Oversættelsesvalget støttes altså af den tekstlige analyse.

De to politiske grupperinger i Republikkens Rom, »nobiliteten« (optimaterne) og »folket« (popularerne), havde hver sine yndlingsudtryk og talemåder, hver sin sprogbrug, diskurs som man siger. En sådan diskurs afspejler en ideologi.

Diskursen er imidlertid kendt og tilgængelig for andre end de partitro. Og vi må være forberedt på en skæv eller oblik anvendelse, en leg med citering og undertekster. Vi kender populardiskursen fra Sallust, som selv var en slags popular og Cæsarianer, især fra hans egne breve til Cæsar og fra hans værker fra tiden efter Cæsars og Ciceros død: Catilinas tale i *Catilina 20*, Memmius' og Marius' taler i *Jugurtha 31* og *85*, og fra hans *Historiae*: konsulen Lepidus' og folketribunen Macers taler fra 70'erne. Det synes at have været en fast tankeramme (topos) at popularpolitikere i en tale til folket overvejer betimeligheden af *secessio* (udvandring til det Hellige Bjerg eller Aventin), som i 494, adskillige gange i det 5. årh. f.Kr. og senest i 287, for ved en art generalstrejke at lamme Rom og danne et parallelsamfund. Det er en af fortællingerne fra stænderkampen mellem patriciere og plebejere. »Folket«, *plebs*, i den sene republik identificerede sig med plebejerne. Secessionen har mytisk status, som generalstrejken hos syndikalisterne. Når Cicero i *I.32* foreslår at oprørerne og deres sympatisører skal forlade Rom, er *secedant,* »lad dem trække sig ud af byen«, just den glose han anvender.

Popularlederne, de hæderlige og uafhængige, bruger deres bramfrihed (*libertas*, cf. gr. *parrhesia*) til at tale til folket og bebrejde dem deres *patientia*, som Memmius gør i *Jug.31.1*. Han står over for to stærke hindringer, *opes factionis*, adelsmafiaens penge- og magtmidler, og »jeres« *patientia*, mangel på handlekraft og modstandsvilje.

Undertiden bruges klart negative ækvivalenter til at udtrykkke kritik af folket fra deres talsmand: *socordia* bruges af Lepidus (*Orat.Lep.20*), og Macer har i sin tale (*Orat.Mac.8*) *languidi* og *socordes*, og (*20* og *26*) *torpedo*: alle udtryk implicerer sløvhed og lammelse.

Jeg foreslår som undertekst til Cic. *In Cat.I.1* noget i retning af: »Se, de såkaldte popularer taler altid om *patientia*. Du falske popular, Catilina, tror måske jeg er et eksempel og at du kan udnytte dette, men det er jeg ikke; se dig omkring. På en måde har jeg givet efter for *patientia* og *inertia* – men vent du bare.«

I Sallusts *Catilina* 20.2-17 holder Catilina en programtale som lokaliseres til et møde i inderkredsen, men som ser ud til at skulle repræsentere Catilinas ideologi. Den har en del popularvendinger, fx *expergiscimini*, »vågn op«, som synes at have været en slags krigsråb; men brugen af *dominatio*, »magt«, som noget der skal gribes (20.2), og at talen ikke så meget går på folkets fattigdom som på adelens udnyttelse af skatteindtægter, synes at være Sallusts måde at antyde at Catilinarierne ikke var sande *populares*. Heri synes han at nærme sig Ciceros skildring.

Imidlertid siger Catilina i *20.9* – eller han råber det sandsynligvis – efter at have opregnet alle de lidelser og uretfærdigheder hans fæller har været udsat for, *Quae quousque tandem patiemini, fortissimi viri ...* »Vil I da virkelig blive ved med at finde jer passsivt i den slags, brave kammerater?« Catilina bruger tankegangen med *pati* som en »fejl« hos folket, og udtryket *quousque tandem* var vistnok lidt særpræget: »hvorlænge dog endnu« eller egl. »lige til hvilket punkt i tiden« plus en understregende partikel, næsten som en ed: »for Pokker da, hvornår holder det op!«

Jeg synes ikke jeg kan se nogen pointe i at Sallust skulle lade Catilina uafvidende foregribe Cicero. Inden for Sallusts egne skriftlige gengivelser af popularernes offentlige taler og politiske diskurs er Catilinatalen ganske ortodoks, bortset fra dens antydninger af personlige særinteresser. Hvis man går ud fra at Sallust lader Catilina bruge et af sine yndlingsudtryk og en velkendt topos fra partiideologien, kunne man finde det en mere tilfredsstillende fortolkning at lade Cicero indlede med en hentydning til en stil associeret med Catilina og et stående popularudtryk. Der er flere tankegange i Ciceros mesterlige tetralogi, men at indlede med *patientia* fører til at man straks forstår situationen og de vigtigste aktører. Taleren Cicero vinder første omgang så snart *quousque tandem* lyder. Rungede latteren mon i Jupiter-templet? Man må i hvert fald have mærket et gisp i publikum.

I et brev til Atticus (*ad Att. II.1.3*) fra sommeren 60, altså to år efter konsulatet, fortæller Cicero at han er ved at udarbejde et corpus af ti »konsulartaler«, heriblandt de fire catilinariske. Vi har de fleste, men ikke alle. Måske blev ikke alle færdigredigeret. Cicero fortæller at han skriver sat i gang af nogle unge entusiasters interesse. Hvordan *In Catilinam I-IV* forholder sig til de oprindelige talte ord, om der har været dele i stenogram, noter eller udskrifter efter fremføringen, véd vi ikke. De markante indledningers hovedord og tankelinjer må man tro er autentiske. Ellers ville Talerne ikke kunne fremstå som troværdige efter kun få år. Men omhyggeligt ordvalg og forarbejdning er der tale om. Dette understreger kun nøglebegrebernes vigtighed.

At værket peger mod et politisk mål der går ud på social enighed og fællesskab over »partiskellet« fremgår af understregningen af »hele folket«, især i *IV*. Talerne danner mønstret S-P-P-S. Senatstaler er den første og sidste. Folketalerne (*contiones*), hvor konsulen informerer befolkningen, er de to i midten. Senat og Folk vægtes altså ens.

To vigtige afsnit er Kataloger over fjender og forbundsfæller, som i eposet. I 2. tale (18-23) skildrer Cicero revolutionsmændene som økonomisk fallerede overklasserepræsentanter, veteraner fra Sullas tid, som ikke kan finde sig til rette, revolutionære fusentaster og forkælede unge, og rene gangstertyper. Altså ikke rigtige populärer.

I 4. tale 15-17 giver Cicero en gennemgang af alle de grupper som støtter ham, fra de velhavende ikke-senatorer, »ridderne«, til jævne håndværkere og handlende; også frigivne og slaver (for så vidt de bliver ordentligt behandlet) er med i Katalogen. Senatet får altså at vide at det hele folk støtter og beskytter Cicero og regeringen og dermed Senatet. Nu må Senatet se at varetage folkets interesser.

Dette er blot en antydning af den gennemførte strukturering af værket, således at placeringen af et enkelt vigtigt ord med bestemte politiske associationer kan ses på baggrund af helheden og dens tankelinjer og kollektive hovedaktører: folk – ledere – og oprørere.

Der er et intertekstuelt spind mellem Sallust, »Catilina« hos Sallust, Catilina, popularernes diskurs, »Catilina« hos Cicero, »ego/nos« hos Cicero, og Cicero (og hans tale) i 63 og Cicero og hans værk *In Cat. I-IV* i 60. Det kan nok sætte overvejelser i gang, men jeg vil her nøjes med at fremsætte som hypotese, at taleren i *In Cat. I* ved at vælge *Quousque tandem* som første ord, ved at tale om *patientia* (hos sig selv), og ved at anvende *fortes viri* (om sig selv og senatorerne), citerer Catilina selv og indirekte henviser til populardiskursen.

For at retfærdiggøre opstillingen af hypotesen og oversættelsen har jeg grebet til (1) linguistik i form af semantisk komponentiel analyse, (2) tekstanalyse af tankelinjer i indledningen, (3) beskrivelse af en bestemt samtidig, politisk diskurs, (4) litteraturhistorie (brevet til Atticus) som optakt til (5) værkanalytiske overvejelser over opbygning og rollefordeling i firtaleværket, (6) intertekstualitetsbetragtninger. I baggrunden lurer naturligvis den rigtige historie som ville spørge efter »hvad der egentlig skete og hvordan det alt sammen kom dertil.« Måske kan en bedre tekstforståelse hjælpe historien til gengæld for al den unævnte hjælp den giver os.

Filologien er ikke én videnskab med egne axiomer. Den er et studium, en virksomhed, som til tekstlæsningen må bruge en række videnskaber og teorier. Men, som Nietzsche sagde, den må kunne træde til side, give sig tid, tie, og dvæle.

Bibliografisk note

Ovenstående er en udvidet version af en opsats p. 243-44 i *Analecta Romana Instituti Danici, Supplementum XXX. Ancient History Matters. Studies Presented to Jens Erik Skydsgaard on His Seventieth Birthday.* Ed. K. Ascani et al., Rom 2002.

Om populardiskursen har jeg skrevet
»*Soli Innocentes*, a note on a possible political term in Sallust« i *Studia Romana in Honorem Petri Krarup Septuagenarii.* Ed. K. Ascani et al., Odense 1976, p. 41-43.

Jeg nævner som en stadig inspiration Carsten Høegs *Cicero*, Kbh. 1942. Heri findes (p. 139-50) den bedste danske oversættelse af *In Cat. I*, trods beholdelse af »tålmod«. Optrykt i Foss, Frisch, Høeg: *En Cicero-Antologi*, Kbh. 1945, p. 246 ff. Med udbytte kan man læse Sallust i Mogens Leisner-Jensens oversættelse fra 1990.

Nietzsche, se *Morgenröte* Vorrede 5, 1886.

Forfatterpræsentation

JOHNNY CHRISTENSEN (f. 1930), professor i klassisk filologi ved Institut for Græsk og Latin, Københavns Universitet.

MOGENS HERMAN HANSEN (f. 1940), lektor i klassisk filologi ved Saxo- Instituttet, Københavns Universitet.

BIRTHE HOFFMANN (f. 1965), lektor i tysk litteratur ved Institut for Engelsk, Germansk og Romansk, Københavns Universitet.

PATRICK KRAGELUND (f. 1950), direktør for Danmarks Kunstbibliotek.

SVEND ERIK LARSEN (f. 1950), professor i litteraturhistorie ved Institut for Æstetiske Fag, Aarhus Universitet.

MORTEN NØJGAARD (f. 1934), professor i romansk sprog og litteratur ved Center for Fransk og Italiensk, Syddansk Universitet.

LENE SCHØSLER (f. 1946), professor i romanske sprog ved Institut for Engelsk, Germansk og Romansk, Københavns Universitet.

EBBE SPANG-HANSSEN (1928-2006), professor i romansk sprog og litteratur ved Romansk institut, Københavns Universitet.